Rolf Robischon

Richtig schreiben: Wort für Wort

Rolf Robischon

Richtig schreiben: Wort für Wort

Rediroma-Verlag

Bibliografische Information der Deutschen Nationalbibliothek:
Die Deutsche Nationalbibliothek verzeichnet diese Publikation in der Deutschen Nationalbibliografie; detaillierte bibliografische Daten sind im Internet über http://portal.dnb.de abrufbar.

ISBN 978-3-98885-410-0

www.rediroma-verlag.de
18,90 Euro (D)

Inhaltsverzeichnis

***Richtig schreiben: Wort für Wort* besteht aus drei Teilen, die Sie auch einzeln erwerben können:**

Teil I: Namenwörter

Teil II: Vokale – Konsonanten

Teil III: Formen, Trennung, Satzzeichen

Richtig schreiben: Wort für Wort

Liebe Kollegin, lieber Kollege,

Richtig schreiben ist eine Kopiervorlagensammlung für die ganze Grundschule. Mit ihrer Hilfe können Kinder systematisch die Rechtschreibung üben und Erkenntnisse über die Logik der Rechtschreibung gewinnen.

So ist die Mappe aufgebaut

Sie können schon im ersten Schuljahr damit beginnen, aber auch für das vierte Schuljahr finden Sie eine Menge wichtiger Anregungen und Übungen.

Die Ausgabe *Richtig schreiben* besteht aus drei Teilen. Diese sind so aufgebaut, dass sie nach und nach schwieriger werden, Sie können also tatsächlich im ersten Schuljahr vorne anfangen und bis ins vierte hinein arbeiten. Und natürlich können Sie auch im vierten Schuljahr wieder ein Blatt von vorne hervorholen, welcher Viertklässler kann nicht noch einmal ein Arbeitsblatt zu den ä-Wörtern vertragen, um die Kenntnisse aufzufrischen?

Teil I Namenwörter
Teil II Vokale – Konsonanten
Teil III Formen, Trennung, Satzzeichen

Natürlich finden Sie im Teil 1 nur Namenwörter, aber das ist eine sehr globale Aussage. Kleinere Schüler/innen gehen am liebsten mit Begriffen, mit Namenwörtern um. Daraus lässt sich viel machen.

Diese Namenwörter sind nach verschiedenen Gesichtspunkten zusammengestellt: Schwierige Rechtschreibung, Wortfamilien, Oberbegriffe, Mehrzahlbildung, Grundwort und vieles mehr.

Nehmen Sie also das Inhaltsverzeichnis zu Hilfe und schauen Sie sich die Arbeitsblätter vorher an.

Ein paar wichtige Gedanken und Anregungen zum Schreiben

Sprechen und Schreiben sind Kommunikationsformen.

Kinder lernen sprechen, indem sie die Sprache der Erwachsenen beobachten und danach ihre eigene Sprache entwickeln.

Je mehr Gelegenheit zum Sprechen sie haben, umso geeigneter zur Kommunikation wird ihre Sprache.

So lernen Kinder auch schreiben. Beim Schreib- und Lese-Anfang (SCHUL-Anfang) Robischon gehen sie mit Geschriebenem um (Beispiel EIMER) und entwickeln dann ihre eigene Schreibweise (AIMA), weil sie verstehen, wie so etwas geht.

Je mehr Gelegenheit zum Schreiben sie haben, umso geeigneter zur Kommunikation wird ihr Geschriebenes, umso „richtiger".

Das wollen wir mit diesen Übungen unterstützen.

Die Hefte *Richtig schreiben: Wort für Wort* bieten Kopiervorlagen, auf denen Kinder mit den vereinbarten Schreibweisen umgehen und arbeiten können. Die Blätter müssen nicht erklärt werden. Es gibt hier keine Lückenwörter (Wortruinen) und kein Abfragen. Wörter werden geschrieben und geordnet. Kinder können feststellen, was zueinander passt.

Es gibt keine verwirrenden Gegenüberstellungen von Schreibweisen, die verwechselt werden können und doch gibt es Regeln zu finden, wenn man möchte. Fehler gibt es hier nicht und auch nicht die Gefahr, dass sich ein Kind „etwas Falsches einprägen" könnte.

Bitte beachten Sie, dass wir die Gesetze der Ähnlichkeitshemmung berücksichtigt haben. Um die Kinder nicht zu verunsichern, haben wir nicht auf demselben Blatt Ähnliches nebeneinander dargestellt. Auf den beiden ersten Blättern (Teil I) mag das so erscheinen. Es geht in dem Fall jedoch darum, das richtige Wort herauszufinden, zu erlesen, und dieses dann, nur dieses, aufzuschreiben und zu üben.

Es wäre also auch ratsam, keine ähnlichen Blätter (z. B. Blatt 37 und 38, 60 und 61, oder 65 und 66) direkt nacheinander auszugeben. Lassen Sie etwas Zeit dazwischen verstreichen. Wir haben diese Reihenfolge gewählt, um Ihnen den Überblick zu erleichtern.

Richtig schreiben: Wort für Wort

Legen Sie Ihre eigene Reihenfolge fest und entfernen Sie vor dem Kopieren die Seitenzahl unten, damit die Kinder die Blätter im Kästchen oben rechts für ihren Ordner selbst mit Nummern versehen können.
Wenn Sie Ihre Seitenzählung behalten möchten: Ein Blatt kopieren, auf der Kopie die Seitenzahl entfernen, dieses dann weiterkopieren.

Denken Sie bitte auch daran, dass Sie die Arbeitsblätter für verschiedene Gelegenheiten einsetzen können. Sie können zum Beispiel das Blatt 50 verwenden, wenn Sie die Schreibung des B am Wortanfang festigen möchten. Sie können es aber genauso gut verwenden, wenn Sie mit den Kindern über Verben (Tunwörter) sprechen. Im Anschluss daran möchten die Kinder sicherlich selbst weitere finden, die mit demselben Buchstaben oder derselben Buchstabenverbindungen beginnen (sp/st: springen, spielen, spiegeln ... steigen, strafen, steuern ...) und sicherlich möchten die Kinder ihre Blätter dann ebenfalls mit Zeichnungen ausgestalten und so ihre Mappe *Richtig schreiben* vervollständigen.

Dass Sie die Buchstaben, auf die Sie besonderen Wert legen, in verschiedenen Farben anmalen lassen, das brauche ich Ihnen sicherlich nicht zu sagen, oder dass Sie die Kinder ermuntern Geschichten dazu zu schreiben. Wem fiele zu den Wörtern *schwitzen – blitzen – Katze – flitzen – Schatz ...* nichts ein?
Für die Freiarbeit sollten Sie zu den angebotenen Seiten jeweils ein von Ihnen bearbeitetes Blatt auslegen, als Hilfe, Hinweis und zur Selbstkontrolle.
Bei offener Arbeit finden die Kinder selber Möglichkeiten und ändern auch die Arbeitsangebote selbstständig um, nach ihren Möglichkeiten und Bedürfnissen.

Es ist Ihnen auch sicherlich aufgefallen, dass wir versuchen mit möglichst wenigen Anweisungen auszukommen. Manchmal haben wir sie ganz weggelassen. Das hat Methode. Nicht nur möchten wir den Kindern weitgehend die Freiheit lassen, was sie mit dem Blatt machen, sondern das Erkennen der Besonderheit ist schon ein Teil der erwünschten Leistung.
Ich fordere Sie auf: Seien Sie mutig! Löschen Sie mit Tipp-Ex die Anweisungen weg. Ein Kind hat vielleicht mehr davon, wenn es selbst entdeckt, dass man die Wörter zum Beispiel nach Namenwörtern und Zeitwörtern sortieren kann. Vielleicht kommt es aber auch auf ein ganz anderes Ordnungssystem. Wäre das nicht wünschenswert und ein guter Lernerfolg? Und wenn es sich dann mit den anderen Kindern in der Klasse unterhält, entdeckt es weitere Möglichkeiten.

Die zahlreichen Zeichnungen sind für die Kinder Anregung, Erklärung und natürlich Anreiz die Seiten sorgfältig zu sammeln.
Wir haben darauf geachtet, die Texte und Zeichnungen friedlich und freundlich, kindlich und ohne Rollenklischees zu gestalten.

Es mag vorkommen, dass die Kinder den Zeichnungen unterschiedliche Bedeutungen zuschreiben. Lassen Sie Kreativität und Diskussionen zu! Kinder, denen schriftliche Mitteilungen gleichgültig sind, weil sie zu Hause keinen Umgang damit erleben, werden auch wenig Bedürfnis haben „richtig" zu schreiben. Auch ihnen möchten wir helfen. Für sie gibt es zur Entdeckung des Wertes dieser Kommunikationsform die „Geschichtenwerkstatt", die „Bärenstarke Grammatik" und Lernkarussells (rufen Sie im Verlag an, man berät Sie gerne).
Und an der Wandtafel finden sie – zunächst von Ihnen, dann von ihren Klassenkameraden – immer wieder schriftliche Mitteilungen.

Viel Spaß und viel Erfolg wünscht Ihnen
Rolf Robischon

Welches Wort gehört zum Bild?

Hahn, Herz, Hund, Huhn

Pilz, Papier, Pelz, Pferd

Hose, Husten, Herr, Hase

Hand, Hut, Hahn, Hund

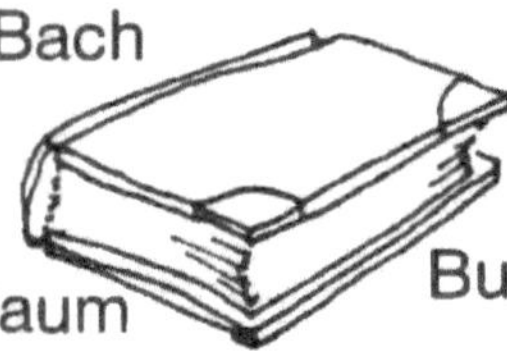

Bauch, Bach, Baum, Buch

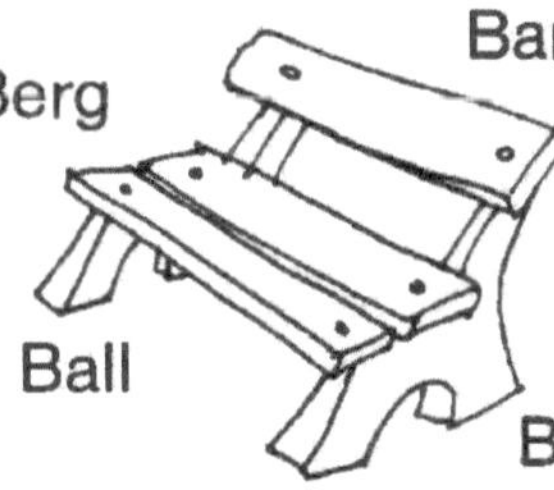

Bart, Berg, Ball, Bank

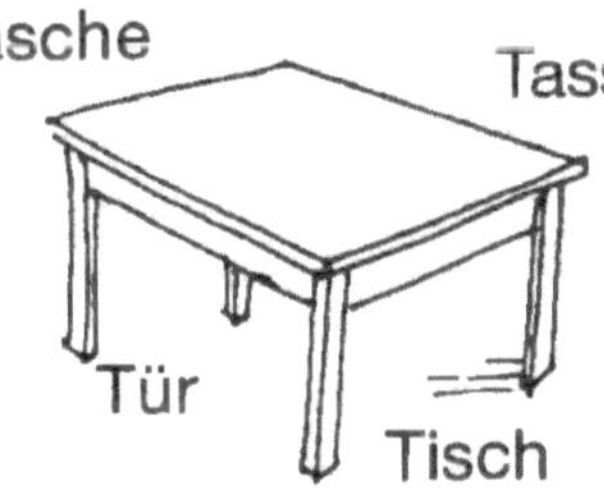

Tasche, Tasse, Tür, Tisch

Volk, Vogel, Vers, Viertel

Dorf, Dose, Dieb, Ding

Wut, Wort, Wunde, Wurst

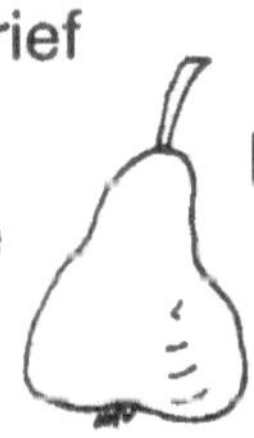

Brief, Bild, Blume, Birne

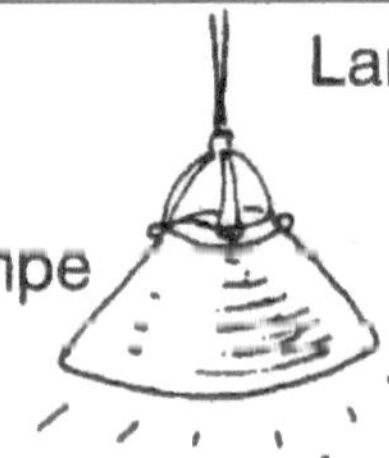

Lupe, Land, Lampe, Lappen

Fest, Ferkel, Fett, Fenster

Schmutz, Schule, Schuh, Schnee

Schlitten, Schluck, Schloss, Schluss

Das richtige Wort zum Bild

Stuhl
Stall
Stiel
Sturm

Masse
Messer
Mast
Meter

Brot
Boot
Bad
Bord

Hund
Husten
Hut
Huhn

Affe
Arm
Apfel
Ast

Glas
Gas
Gast
Garn

Band
Ball
Bau
Bad

Gabe
Geld
Grab
Gabel

Tropfen
Zopf
Topf
Kopf

Lumpen
Leim
Luft
Löffel

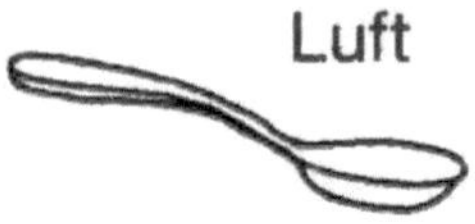

Hase
Haus
Hose
Hast

Fisch
Schaf
Schiff
Schilf

Eier
Eifer
Eigelb
Eimer

Tisch
Fleisch
Fisch
Tasche

Erde
Ente
Ende
Ecke

Welches Wort passt zum Bild?

Bild						
	Kohle	Korb	Kopf	Kohl	Korken	
	Kasten	Karte	Kiste	Kappe	Kalb	
	Bach	Bauer	Ball	Bad	Baum	Bau
	Biene	Beine	Binde	Birne	Biest	
	Raupe	Rabe	Rübe	Robbe	Rute	
	Abfall	Angel	Ampel	Apfel	Abend	
	Schürze	Schüssel	Schlüssel	Schloss		
	Gas	Gans	Glas	Garten	Gras	Gabe
	Leitung	Leiter	Leiste	Leier	Leim	

Sechzehn Wörter!

H

H

B

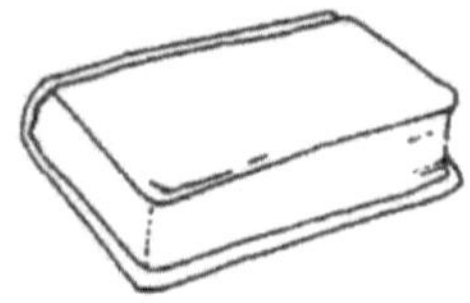

B

B

B

G

K

B

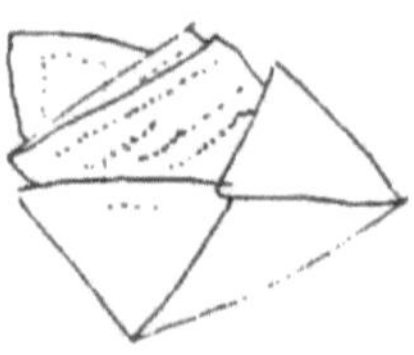

L

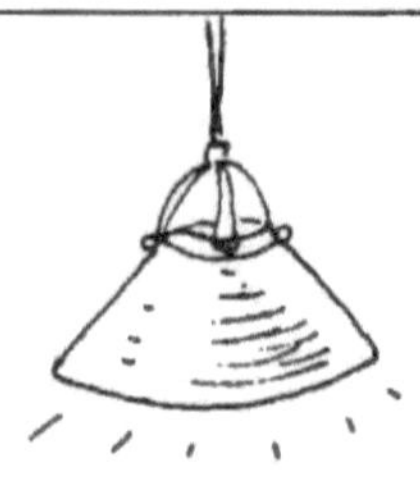

T

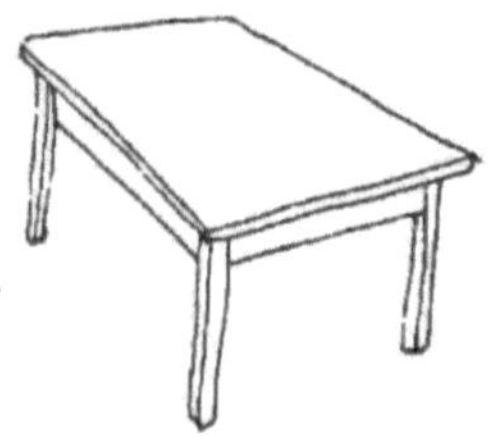

K

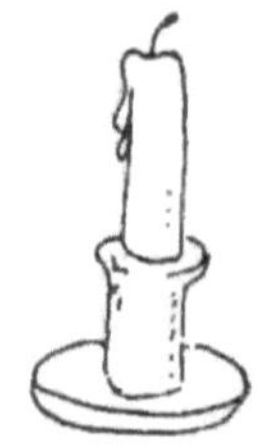

F

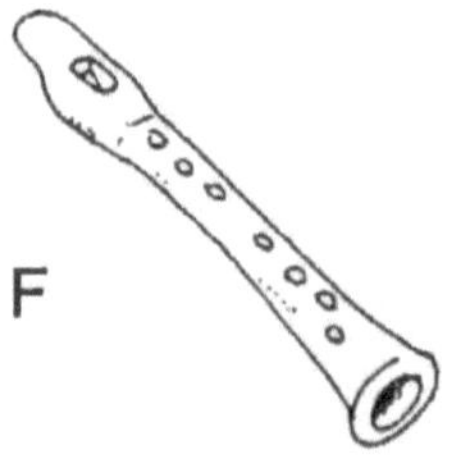

B

B

Pf

Zwanzig Wörter!

G

G

B

F
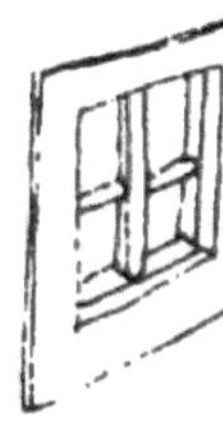

B
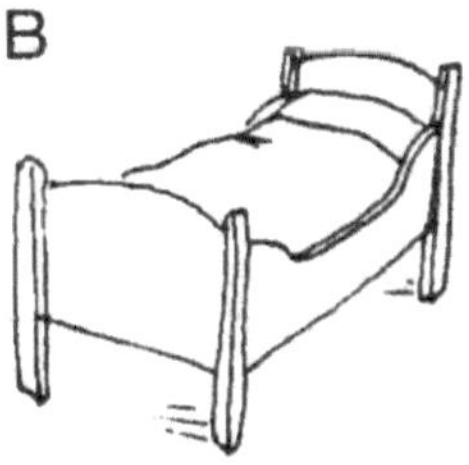

Ei

V

F
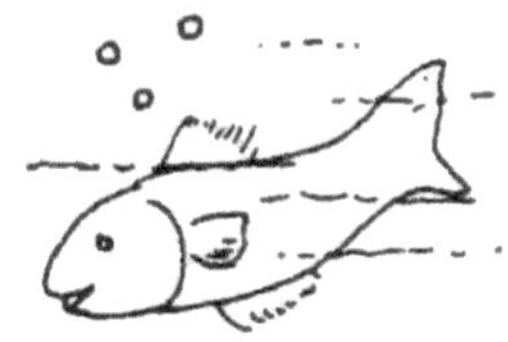

A

T
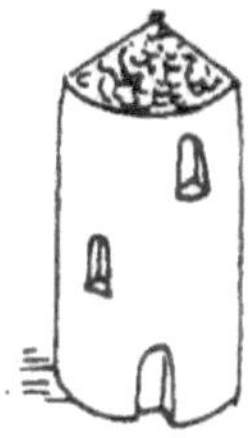

D
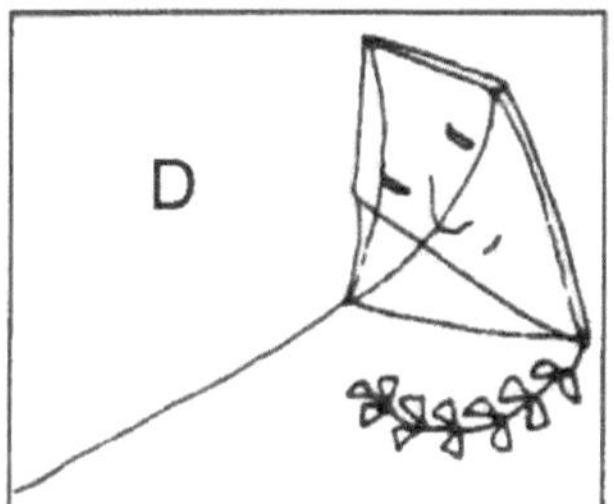

T

M
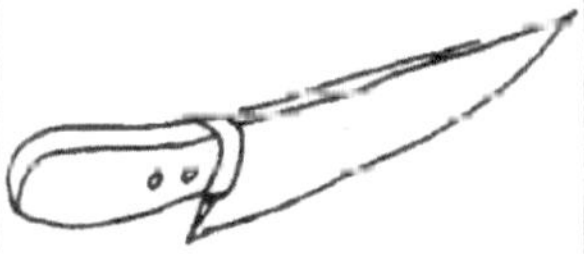

P

E

H

B

St

P

St

Wörter mit ff

K

L
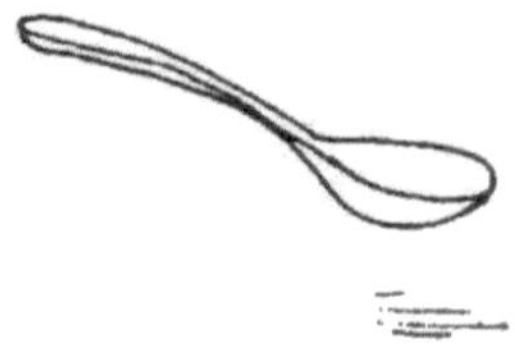

W

K
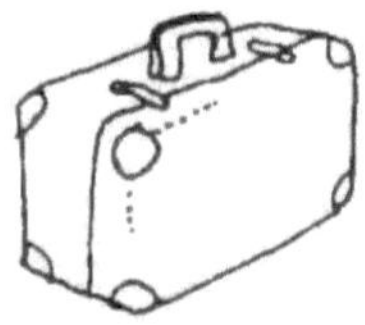

Sch

Pf
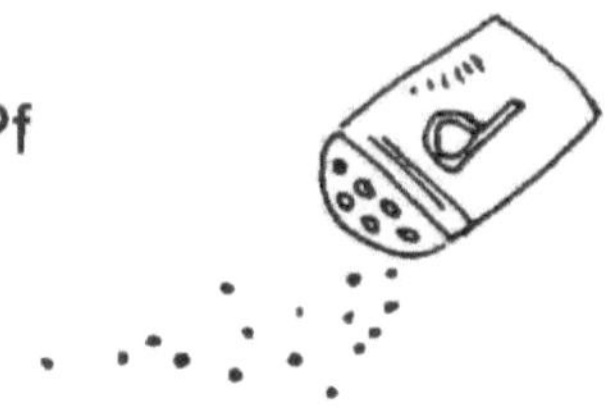

Pf

K

P
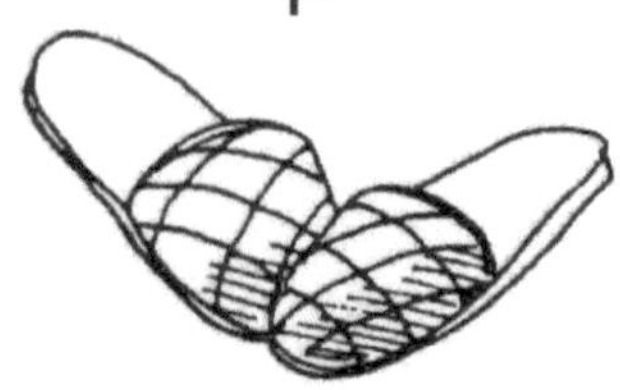

T
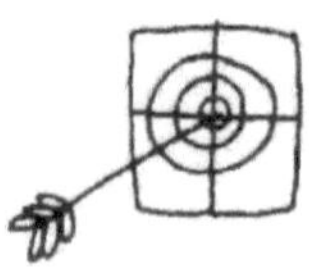

St

G

B

G

A

Fünfzehn Wörter mit S oder s

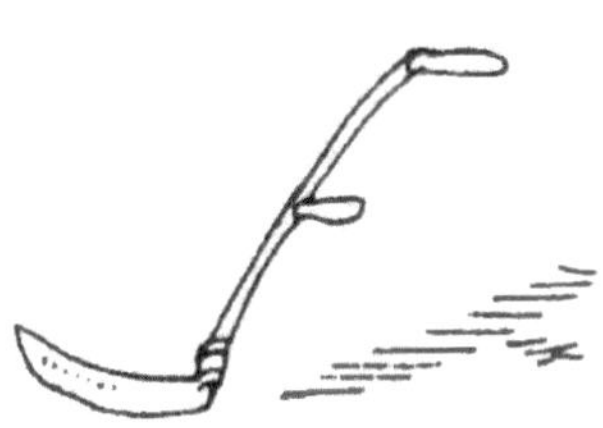

Fünfzehn Wörter mit R oder r

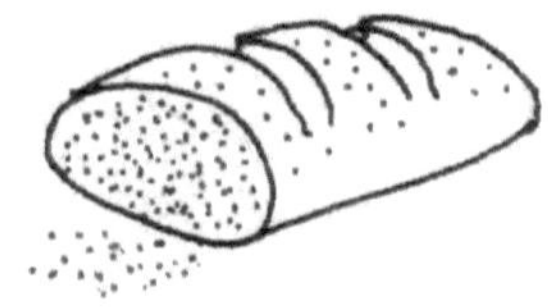

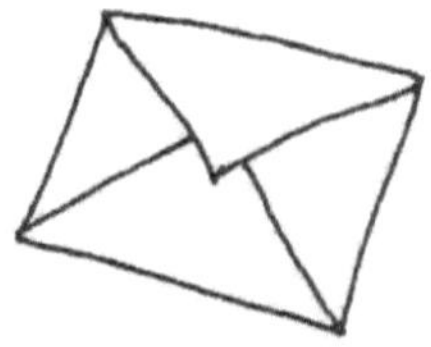

Welches Wort gehört zum Bild?

G

H

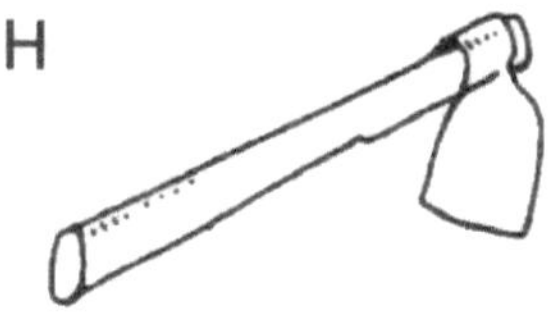

W

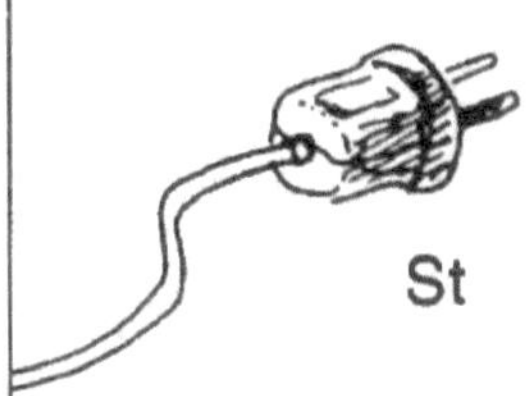

St

D

St

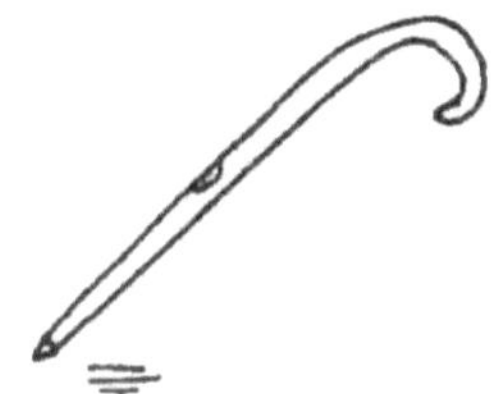

S

D

Sch

B

H

D

Sch

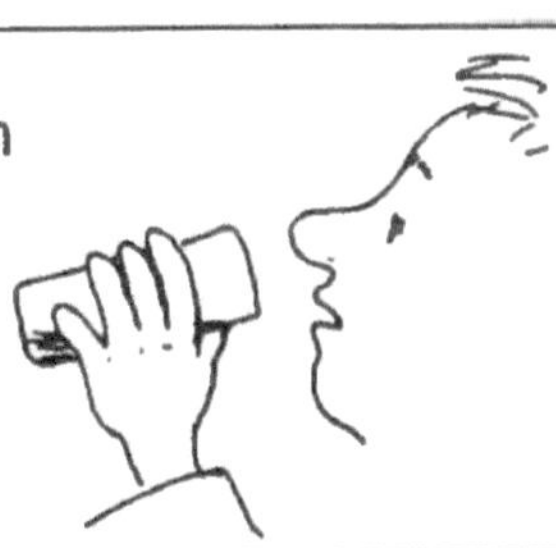

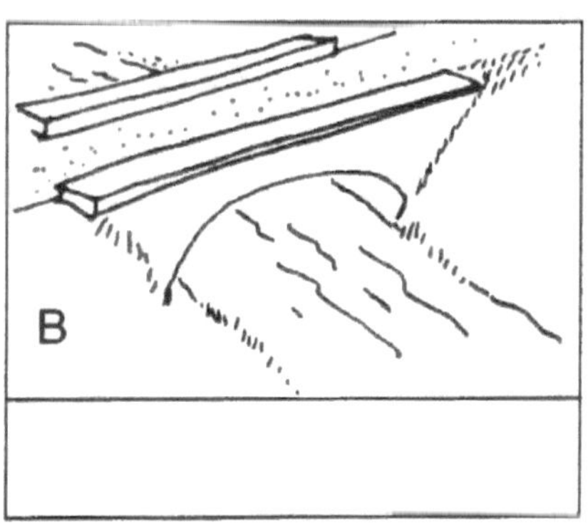

B

T

Zwölf Wörter mit Pf oder pf

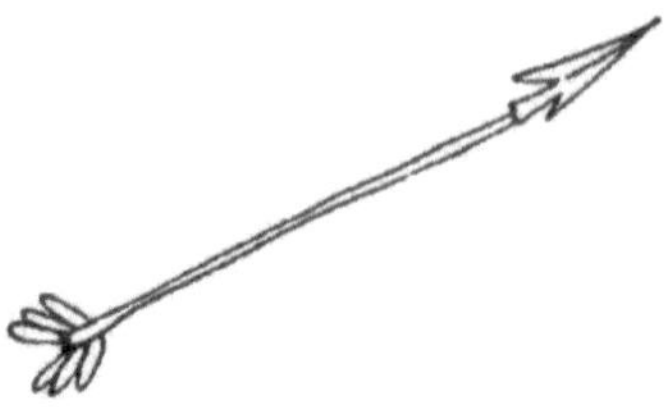

Findest du Reimwörter?

Schürze	Gurke	Kirsche
W	Sch	H

Durst	Karten	Kerzen
W	G	H

Sorgen	Sturm	Kern
M	W	St

Narbe	Herz	Korn
F	Sch	Z

Hirn	Ort	Mark
St	W	Qu

Reimwörter

Baum

Tr

R

S

Sch

Haus

M

L

Kl

Gr

Hund

M

B

Pf

Gr

F

Hase

N

V

Bl

O

Hose

R

D

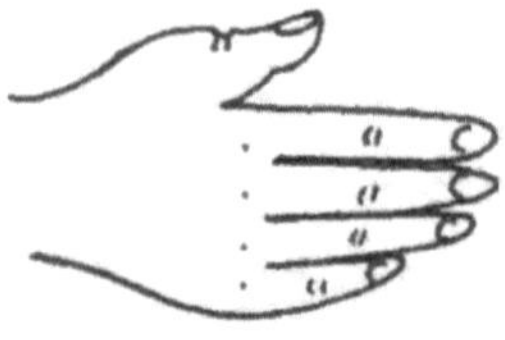

Hand

R

W

S

L

B

St

Br

Namenwörter: Berufe

Welche Berufe kennst du noch?

Tiernamen

Überschrift:

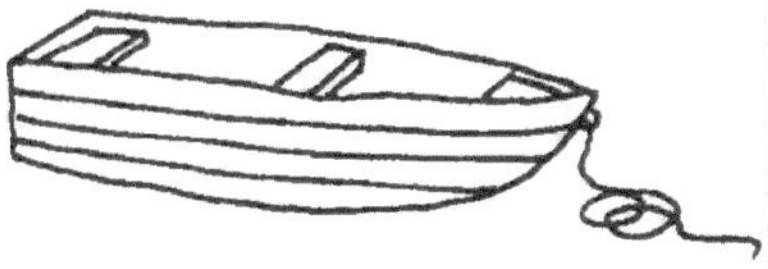

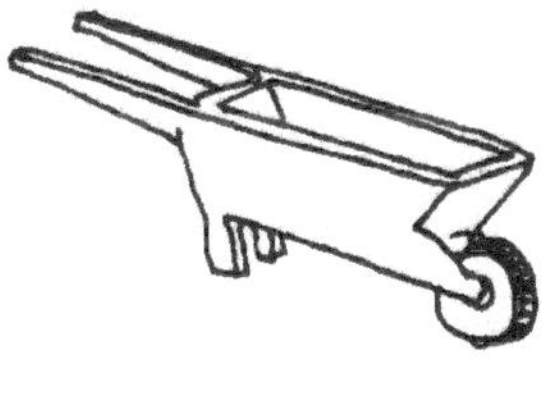

In der Wohnung

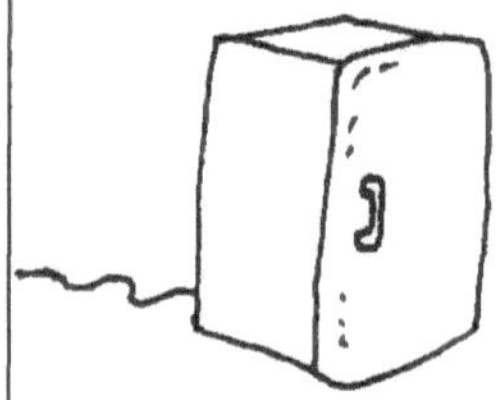

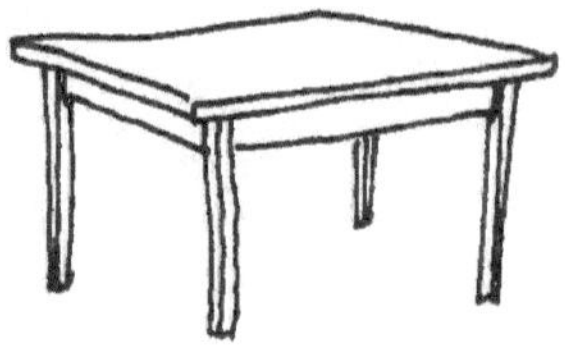

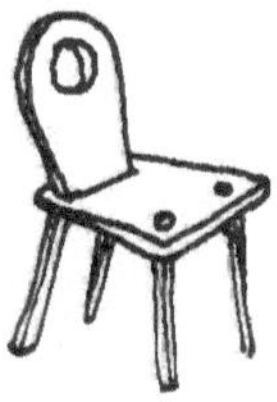

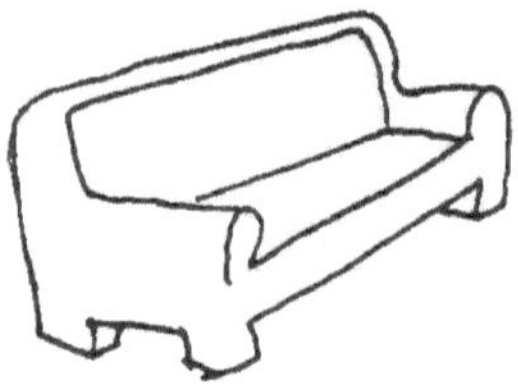

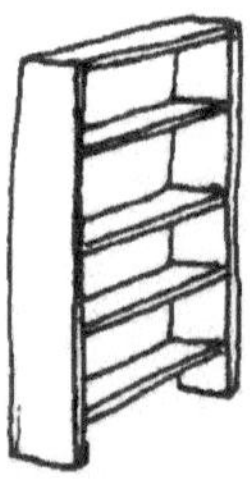

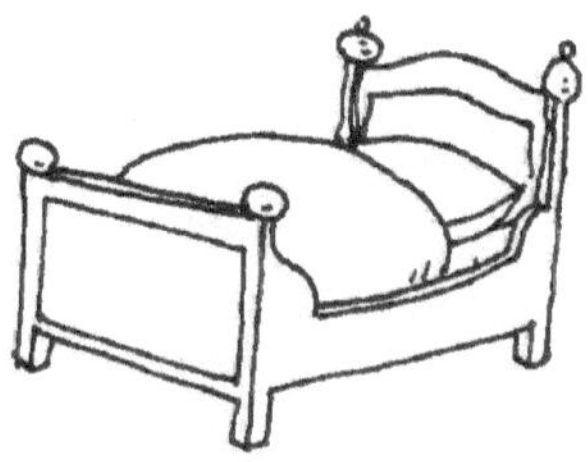

Kindernamen

und alle anderen

Mehrzahl – äu

Kraut	Strauch	Haut
Raum	Bauch	Maus
Baum	Zaun	Laus
Traum	Haupt	Braut
Haus	Brauch	Strauß
Maul	Kauz	Schlauch

Mehrzahl – ä

Ball – Bälle
Sack –
Bart –
Schlag –
Zahn –
Gans –

Glas – Gläser
Rad –
Wald –
Land –
Fach –
Rand –
Bad –

Hahn –
Hand –
Kranz –
Wand –
Kamm –
Nacht –

Grab –
Tal –
Dach –
Gras –
Lamm –

Aus u wird ü

Krug

______

Wurst

______

Buch

______

Huhn

______

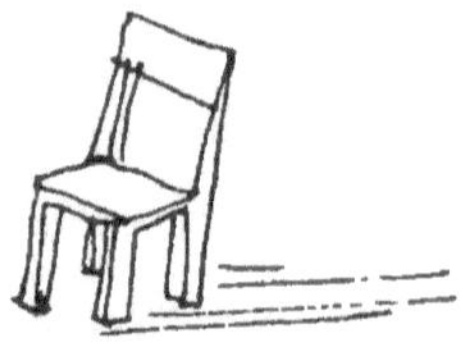

Stuhl

______

Turm

______

Nuss

______

Hut

______

Von der Mehrzahl zur Einzahl

Säcke

Gläser

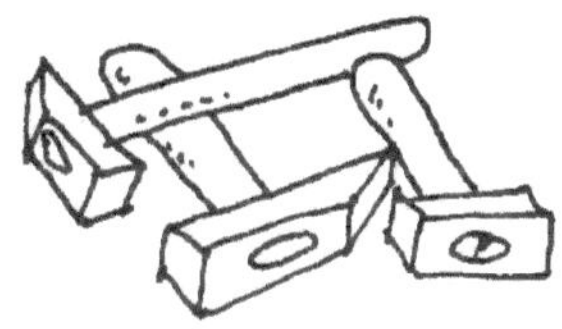

Hämmer

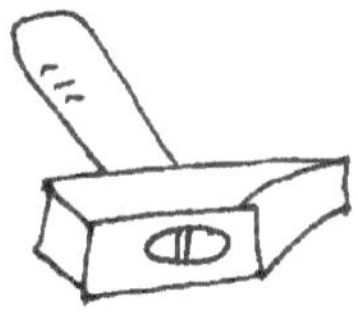

Nägel

Bälle

Gänse

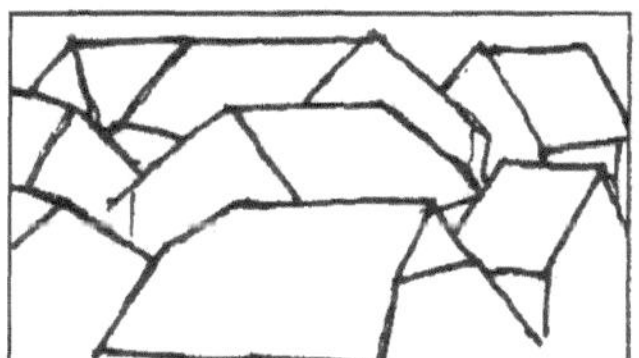

Dächer

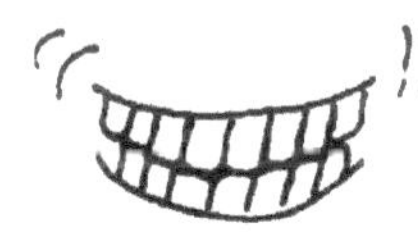

Zähne

Lämmer –	Gräser –
Fäden –	Gäste –
Läden –	Täler –
Gräber –	Gräben –
Dämme –	Plätze –
Drähte –	Städte –

Mehrzahl – Einzahl

 Pferde	 Räder	 Hunde	 Bilder	 Schilder
	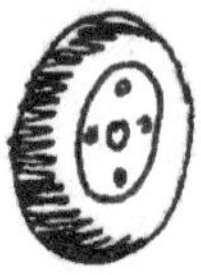			

Bänder –
Kinder –
Freunde –
Feinde –
Wände –
Gelder –
Kleider –
Fahrräder –
Münder –

Hemden –
Wälder –
Bäder –
Hände –
Abende –
Felder –
Strände –
Brände –
Länder –

Zusammengesetzte Namenwörter

Hosen

Tasche

Butter

Plastik

Beutel

Brot

Korb

Wagen

Wäsche

Topf

Eis

Treppe

Keller

Garten

Zaun

Hund

Blumen

Zimmer

Jagd

Spiel

Ball

Klassen

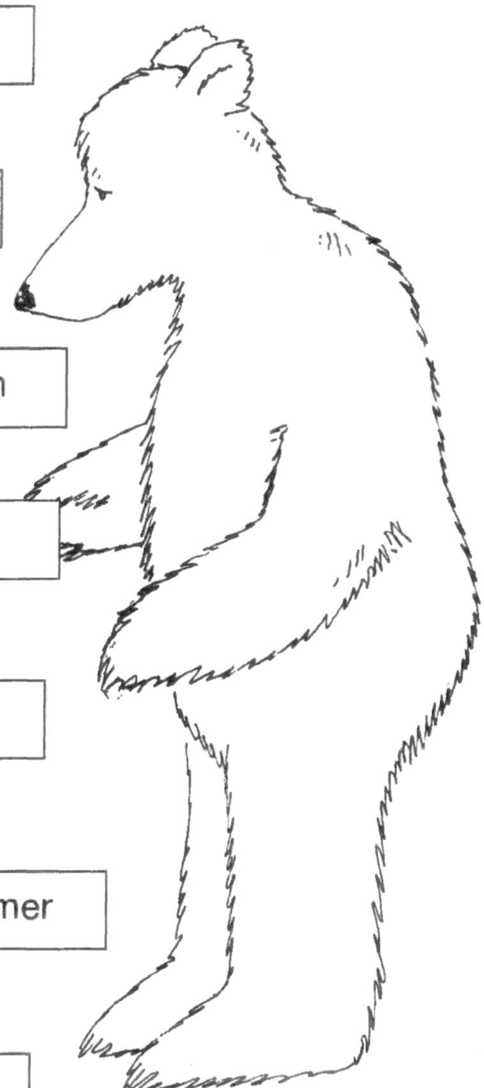

Namenwörter zusammensetzen

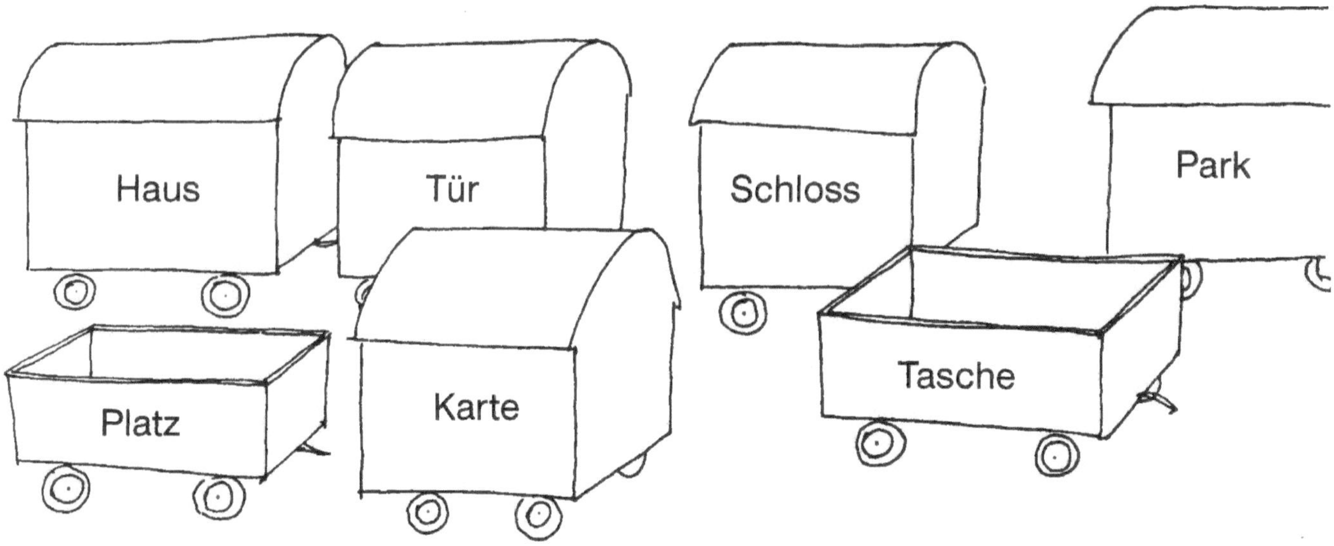

Zusammengesetzte Namenwörter

Haus	Garten

Hausgarten

Gartenhaus

Schlüssel Schrank	

Sitz Leder	

Salat Gurke	

Glas Fenster	

Tor Schloss	

Topf Blume	

Zusammengesetzte Namenwörter

Mehrere Dinge mit gleichem Grundwort:

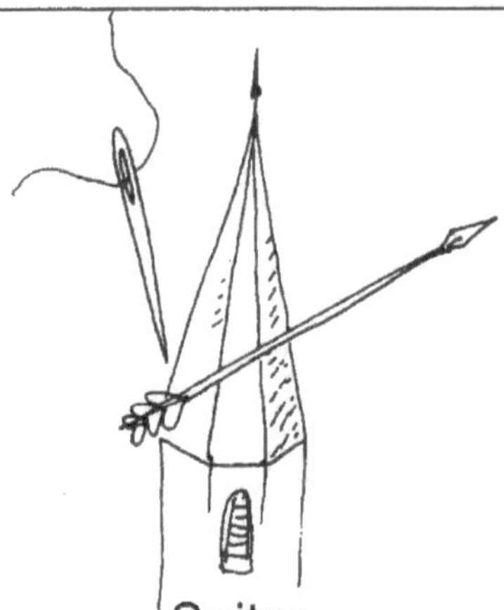

Spitze

Nadelspitze

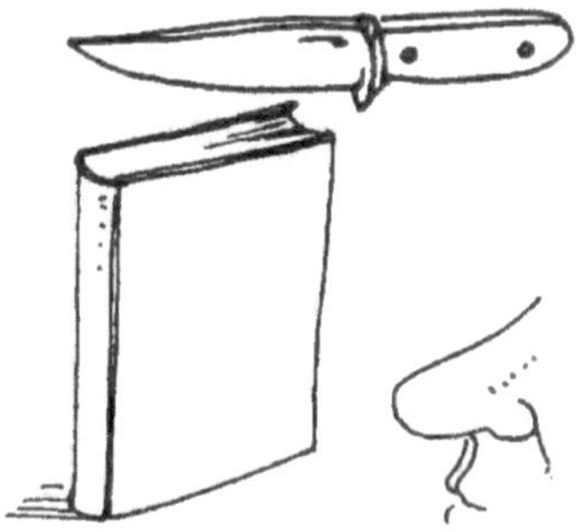

Rücken

Stiel

Flügel

Topf

Glas

Zusammengesetzte Namenwörter

    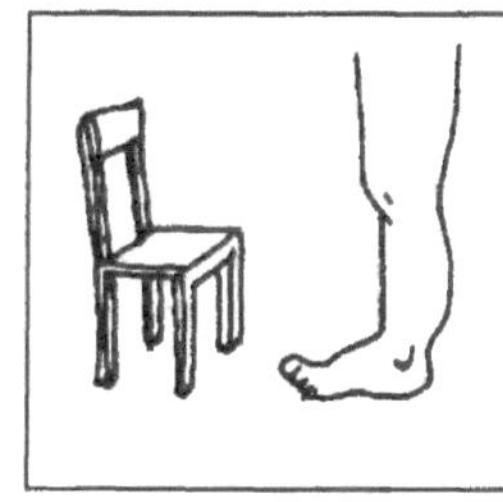

    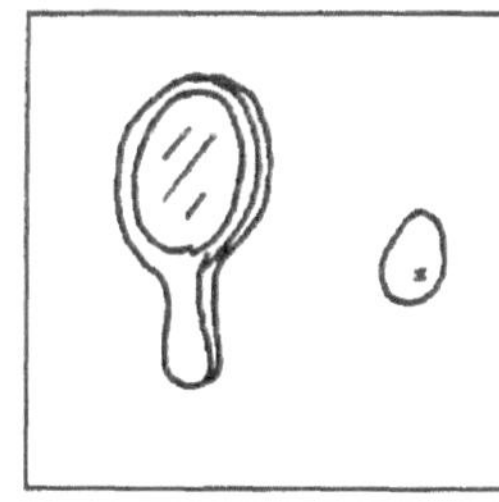

Hand	Uhr	Fenster	Turm	Spiegel
Apfel	Schirm	Ball	Eis	Bild
Bank	Baum	Finger	Stuhl	Haus
Bein	Ei	Bär	Tür	Hut

Handball

Zusammengesetzte Namenwörter

Die Heinzelmännchen

Die Heinzelmännchen gießen mit der Kanne, schieben den Karren, rechen den Garten, ziehen den Korken, tragen die Hosen, saugen den Staub, öffnen die Dosen, spülen das Geschirr, bürsten die Kleider, mähen den Rasen, trocknen die Wäsche, waschen mit der Maschine, stopfen mit der Nadel, nähen mit der Maschine, fahren mit dem Rad, ...

Gießkanne

Wortfamilien

Wörter mit Tisch-, -tisch

Wortfamilien

Wörter mit Wald-, -wald

Inhaltsverzeichnis

Richtig schreiben: Wort für Wort **besteht aus drei Teilen, die Sie auch einzeln erwerben können:**

Teil I: Namenwörter

Teil II: Vokale – Konsonanten

Teil III: Formen, Trennung, Satzzeichen

Dehnungs-h

Lange Vokale, denen man es ansieht: ah, äh, uh, üh

Bahn, Huhn, Hahn, Kahn, fühlen, Gefühl, lahm, mahnen, Bühne, früh, ahnen, Mühle, fahren, mühsam, Rahmen, Frühstück, wahr, Frühling, führen, Wahrheit, Schuh, Zahn, Draht, Stuhl, Nähmaschine, Kuh, Fahne, Fahrrad, Uhr, nah, zahm, blühen, Hähne, Hühner

Hier hörst du das h sogar ein wenig: Nähe, Ruhe, ruhig, nähen, Brühe, verbrühen, bemühen

ah, äh	**uh, üh**

Dehnungs-h

Lange Vokale, denen man es ansieht: eh, oh, öh

Lehrerin, Lehrer, Sohn, Lehm, Lohn, zehn, Wohnung, Mehl, roh, mehr, mehrmals, vermehren, froh, fröhlich, anlehnen, Lehne, gewöhnlich, nehmen, Bohne, benehmen, Belohnung, Fehler, fehlen, Sohle, Rohr, Reh, Röhre, wohnen, Sehnsucht, Föhn, wehren, versöhnen, Höhe, angewöhnen, bohren

Und hier hört man das h sogar: drohen, Zehen, sehen, drehen, gehen, stehen

eh	oh, öh

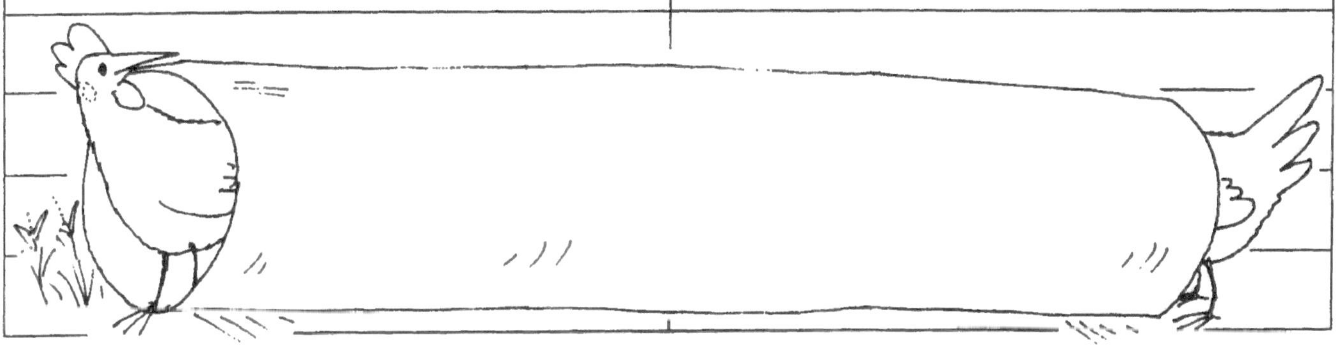

Dehnungs-h

Lange Umlaute, denen man es ansieht: äh, öh, üh

Bähnchen, Böhnchen, Hühnchen, Hähnchen, Söhnchen, Zähnchen, gewöhnlich, gefährlich, versöhnlich, jährlich, fröhlich, Nähmaschine, Röhrchen, dröhnen, Fähnchen, fühlen, zähmen, verhöhnen, Frühstück, gewähren, föhnen, Stühlchen, ernähren, Mühle

Und hier hört man das h ein wenig: Kühe, Mühe, Frühe, aufbrühen, blühen, Höhe

äh	**öh**	**üh**

Dehnungs-h

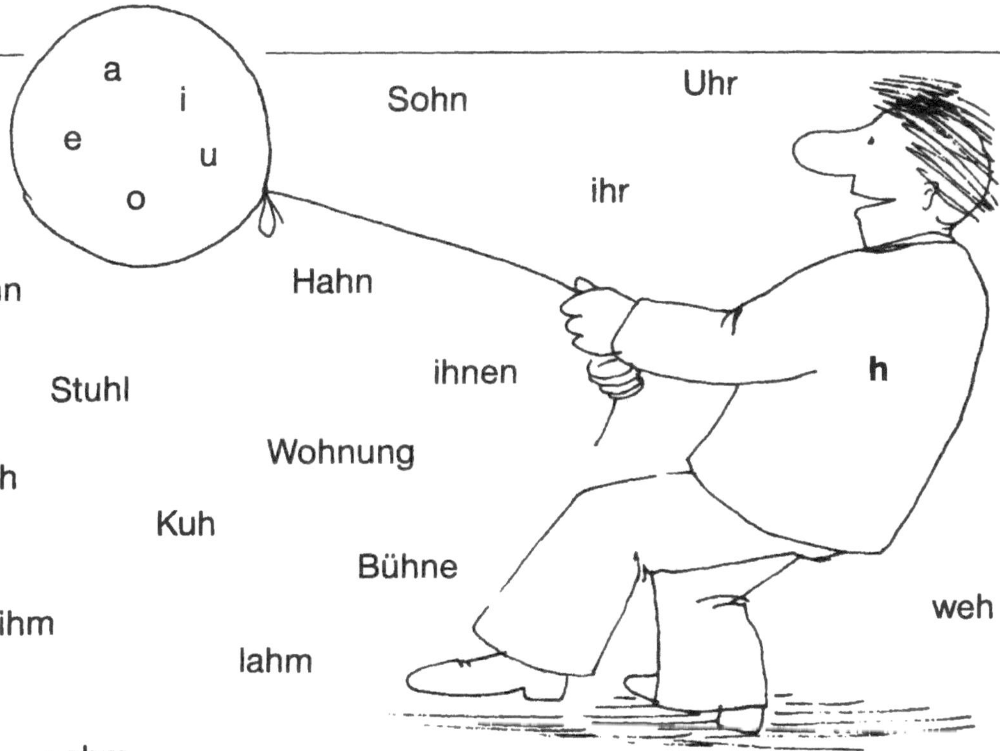

Sohn Uhr ihr Zahn Hahn Stuhl ihnen Lohn Reh Wohnung Kuh Bühne ihm weh lahm Schuh zahm Kohl Huhn fehlen stehlen wählen Zahl Hohn Mehl

ah, äh	eh	ih	oh	uh, üh

Viele Wörter mit ei

Reimwörter mit ei

Reim L	Meise R	Kreis P
Zeitung L	Reiter L	Reizung H
Beil S	Schrei B	Schein B
drei f	heiß w	fein n
scheinen w	treiben sch	leiten r
neigen z	heilen f	heiter w

Lange Vokale a, e, i, o, u

Man sieht es ihnen nicht an

Straße Schaf Esel Augenlid Brot Braten Betrug Nil Regen Bad Tiger Ton Mond Schule Schi Brezel Wut Tuch beten Not Gruß Zebra lesen Nase bequem primitiv Gras Weg Leder groß Flut Kaninchen Krone Thema Los Sabine Nagel Kino Glas Mus Zone Sofa Krise Zug brav Fuß prima schade Rose Tube

a	e	i	o	u

Kurze Vokale a, e, i, o, u

Man sieht es ihnen nicht an, aber jeder spricht sie so

Nacht nicht Tusche Specht Zorn Sport alt Herz Helm kalt Berg Gewicht kurz schlecht blind Gurt vorne Topf Gold Fisch hart Dreck finden Spitze Trick Wort Wurst Zucker Garten Welt stopfen bunt Schluck halt Feld Gewalt Zopf Band Zelt Sorte Geld Land Witz Kopf Hund Schuld Pflicht Blitz Strumpf

a	e	i	o	u

Ein anderer Vokal, ein anderes Wort

Mit einem anderen Vokal wird es ein anderes Wort

a – e – i – o – u

Tische	Hohn	Wille
T	H	
T		

Deckel	Hund	Bund

Schale	Zange	Stahl

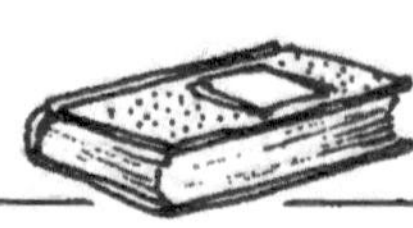

Lumpen	Bach	Schalter

Hose	Gold	Schloss

aa ee oo

Paar, Zoo, Schnee, Kaffee, Aal, Klee, doof, Tee, Haar, Seele, Moos, paar, Saat, Meer, Moor, Beet, Saal, Boot, Waage, Teer, Staat, See, Saar, leer ...

aa	oo	ee

Umlaute ä, ö, ü

Hört zu, ihr Mädchen und Jungen! Setzt euch auf eure Stühle! Ich erzähle euch nämlich jetzt eine schöne Geschichte: Nahe bei einem hübschen Dörfchen, in einem grünen Wäldchen gab es eine düstere Höhle. Eines Tages führte ein junger Hirte seine Kühe in die Nähe. Plötzlich hörte er aus der finsteren Öffnung eine dröhnende Stimme: „Bücke dich und wälze den mächtigen Stein zur Seite! Was du findest, gehört dir." Er tat es und fand dort fünf Kästen mit prächtigem Schmuck und schimmernden Goldstücken. Mit diesen Schätzen kehrte er fröhlich heim und teilte sein Glück mit anderen.

ä

ö

ü

all – ell – ill – oll – üll

Falle still Delle

Füller Fell

fallen Zoll

Stelle

wollen

Wolle Welle

voll

rollen schnell

Willi billig

toll will

Müller

Schelle

Hülle

Halle

Müll

Brille

Ball Stall

brüllen

Pille zerknüllen Schall

-all	-ell	-ill	-oll	-üll

Wörter mit tt

Watte, Fett, Butter, Ratte, Bitte, Wetter,
Zettel, retten, wetten, Schnitt, anstatt,
Gott, Motte, Grotte nett, Trottel, Blatt,
Trott, platt, satt, Schmetterling, hatte, Brett,
Mutter, stottern, Zottel, Mitte, flott, Futter, Tritt,
schütten, Ritter, Matte, Sitte, gelitten, Heilbutt,
Kutter, zittern, Schutt, kaputt

Kannst du die Wörter ordnen?

-att	-ett	-itt	-ott	-utt/-ütt

Wörter mit nn

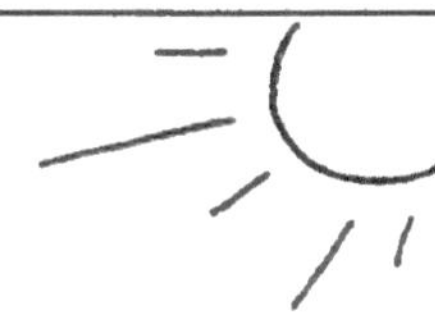

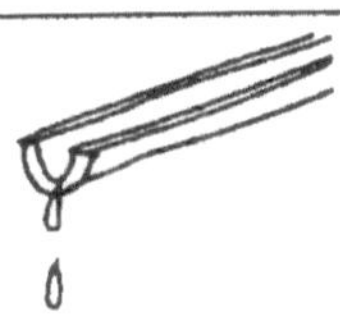

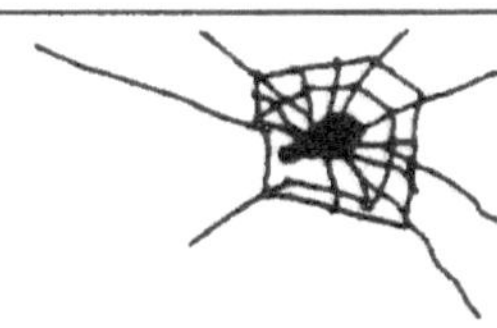

rennen Wanne Sonne Spinne Pfennig Mann Unsinn Tanne Rinne
Tonne dünn wann Kanne Henne Beginn Pfanne dann gewinnen
Panne innen Brunnen

Kannst du die Wörter ordnen?

-ann	-enn	-inn	-onn	-unn/-ünn

Wörter mit ss

Tasse Riss Schüssel Schloss Schlösser Masse Schlosser Wasser
Rösser Messer Sessel Wissen Kasse Geschoss Essen Küsse Russe
Fass Fässer Gewissen Kuss Gebiss Fluss Flüsse Rüssel Nässe Messe
Lasso Kessel Kissen Flossen Erpressung Schlüssel Stress Schluss

-ass/-äss	-ess	-iss	-oss/-öss	-uss/-üss

Weitere Doppelkonsonanten

Es gibt auch Wörter mit bb, dd, ff, gg, mm, nn, pp, rr

Anstelle von kk und zz schreibt man in Deutschland ck und tz

Affe Himmel Sommer Sonne Kümmel Robbe Büffel Hammer Henne Kummer Tonne Bagger Trommel Neffe Pappe Koffer Tanne Treffer Schlepper Herr Geschirr Trennung Kartoffel Terror Suppe Buddelschiff Depp Karre Kanne Horror Giraffe Narr Klemme Sinn Treppe Zappelei Puppe Verwirrung

das kleine b

lieb, diese, schreiben, Wörter, sind, Sieb, alle, ohne, das, haben, gewisse, Zeichen, loben, grob, hast, gelb, halb, weben, sieben, du, heben, reiben, sie, gefunden, graben, Silber, das, ist, eben, toll

Schreibe hier bitte nur die Wörter mit –b–

Lies die übrig gebliebenen Wörter nacheinander!

backen, breit, braun, blau, blühen, bitte, blond, besonders, braten, brennen, blind, binden, blasen, bluten, brühen, beißen, bellen, brüten, blöd, bremsen, bringen, bald, blinzeln, biegen, brechen, blass, brutal, beide, bauen, blättern

Wörter mit Bl, bl

Blase blau bloß
Blume
blind blühen bleich
Blitz
Block
Blech
bleiben blasen
blöd Blut
Blick
Bluse blass
Blatt Blüte
blond

Bl	bl

Findest du noch mehr?

Tunwörter

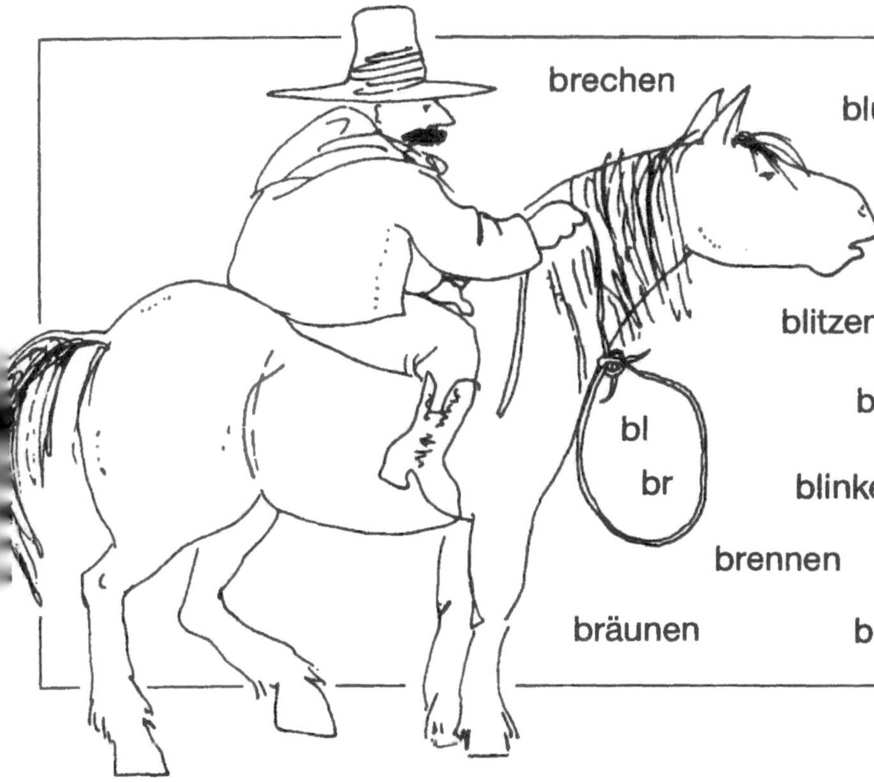

brechen
blühen
brauchen
bleiben
blödeln
blasen
blähen
bluten
blitzen
blenden
braten
brauen
blicken
blinken
brüten
brennen
brausen
bräunen
bröckeln
bremsen

br	bl

Findest du noch mehr Wörter?

G-, g-

Gans graben geben Gedicht Gold gelb
Gedanke grüßen ganz gestern Gesicht
gut gründen Gabel Gruß
grün
gefährlich Gefahr Geld
Grund
Gebet gerade Gaul
grässlich
Glas grübeln gehen
genießen Graben Gebäude Georg
Gras Gas
genau Gegend
Garten
gießen gern gültig genug

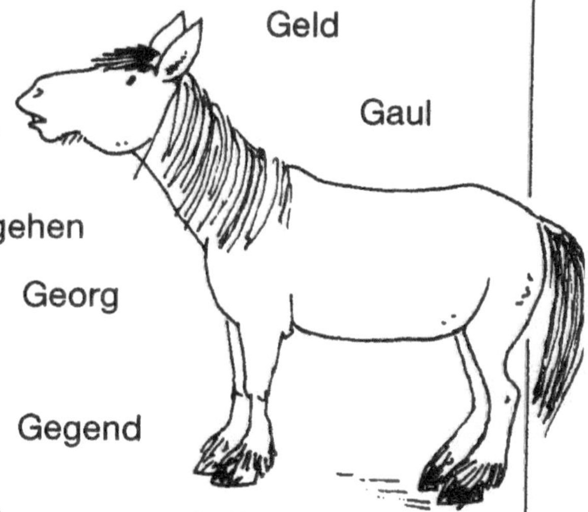

G-	g-

–d–

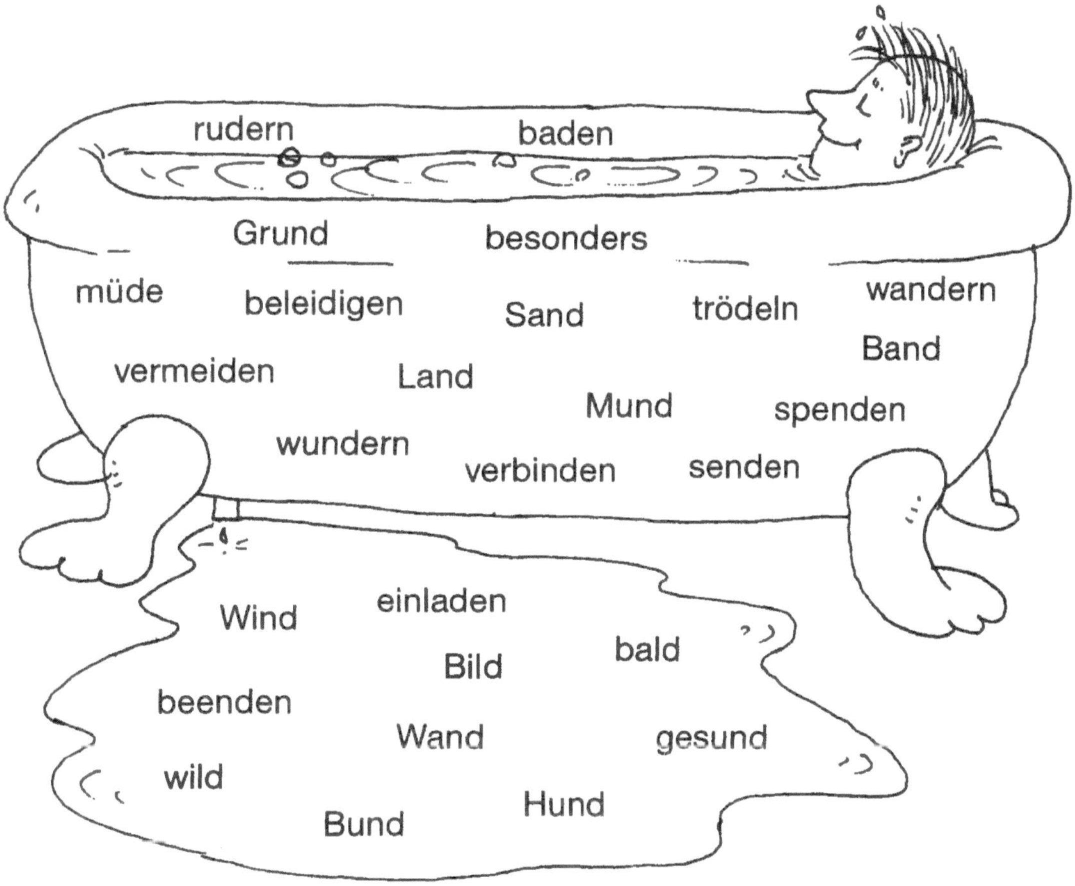
rudern
baden
Grund
besonders
müde
beleidigen
Sand
trödeln
wandern
Band
vermeiden
Land
Mund
spenden
wundern
verbinden
senden
Wind
einladen
Bild
bald
beenden
Wand
gesund
wild
Bund
Hund

Der Dr–dr–Drache

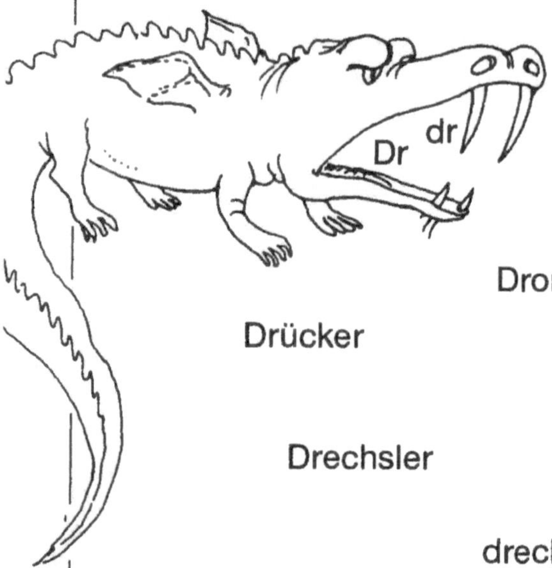

Druck

Draht

Drüse

drücken

drehen

drohen

Dromedar

Drossel

Dreck

Drücker

drängeln

Drache

dreschen

Drechsler

drollig

drei

dreckig

dribbeln

Dr	dr

Male die Zwielaute (äu, au, ei, eu) rot an und die Mitlaute (l, m, n, r ...) blau!

Der Kauz ruft in der schwarzen Nacht. Er blinzelt und ist ganz bestürzt, denn er hört ein schreckliches Geräusch. Sein Herz klopft laut, er purzelt fast von seinem Ast. War das Tarzan? Nein! An der Kreuzung steht der Förster und schneuzt die Nase, so dass sein weißer Schnauzer wackelt. Er hat Schnupfen, denn er ist zu geizig seine Wohnung zu heizen. Pardauz, jetzt ist er fast über seinen Dackel gestürzt. Der Förster lacht laut und herzlich und der reizende Dackel wedelt freundlich mit dem Schwanz, wälzt sich im Staub und schnüffelt mit der Schnauze.

z nach Mitlaut

z nach Zwielaut

Vor tz steht immer ein Selbstlaut

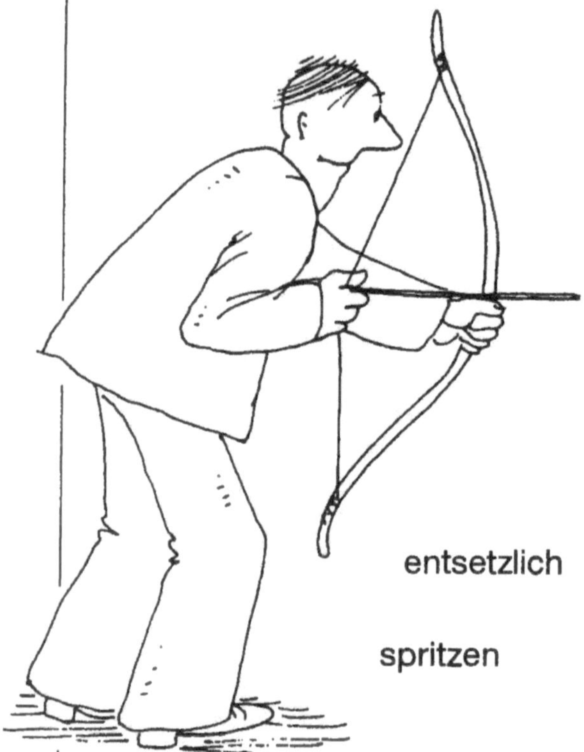

trotzig
Spatz
setzen
Spitze
Witz
Blitz
jetzt
plötzlich
schmutzig
sitzen
Netz
putzen
tz
hetzen
Platz
Katze
platzen
Mütze
wetzen
Glatze
Spritze
entsetzlich
protzig
blitzen
spritzen
Klotz
kratzen
witzig

Wörter mit -tz-

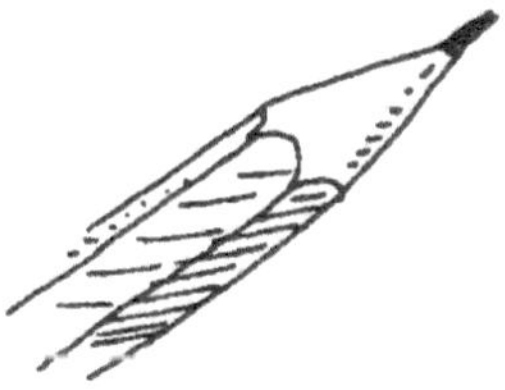

putzen, sitzen, platzen, schwätzen, Mütze, Sitz, Blitz, schwitzen, schnitzen, setzen, blitzen, Katze, flitzen, stützen, Spritze, schützen, Spitze, Schatz, kitzeln, schätzen, wetzen, spitzen, kratzen, trotzen, schmatzen, stutzen, hetzen, spritzen, protzen, glotzen, Platz, Witz, Schmutz, Schutz, Netz

ck kommt nur nach einem Selbstlaut

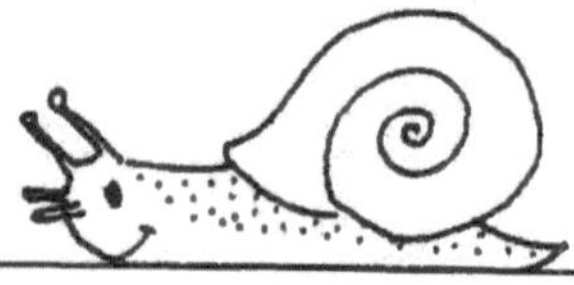

necken strecken Schnecke
Rücken Stecker
Reck packen Blick
Wecker
flicken hacken Mücke lecker
backen
Schluckauf Sack
Zucker Zweck
Bäcker
Stock trocken
Acker
Brücke
Ruck spucken
Trick Lack Lücke
Flecken
hocken Stück
Rock
stricken
Decke
Zecke Zacke
Hocker Krücke
sticken schlucken
Glocke

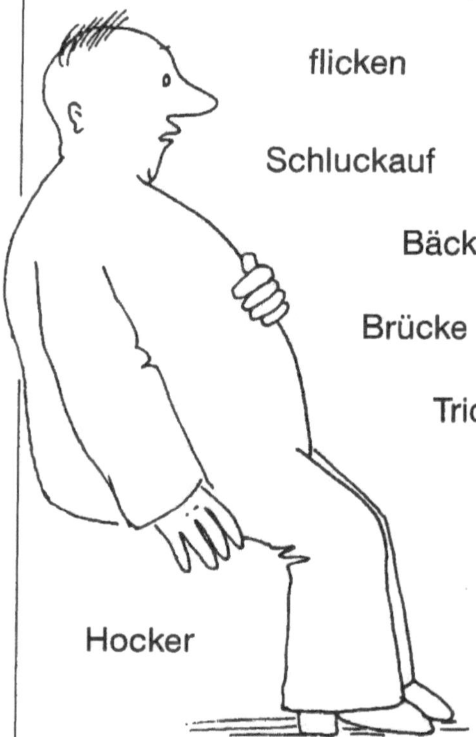

st im Wort, am Wortende

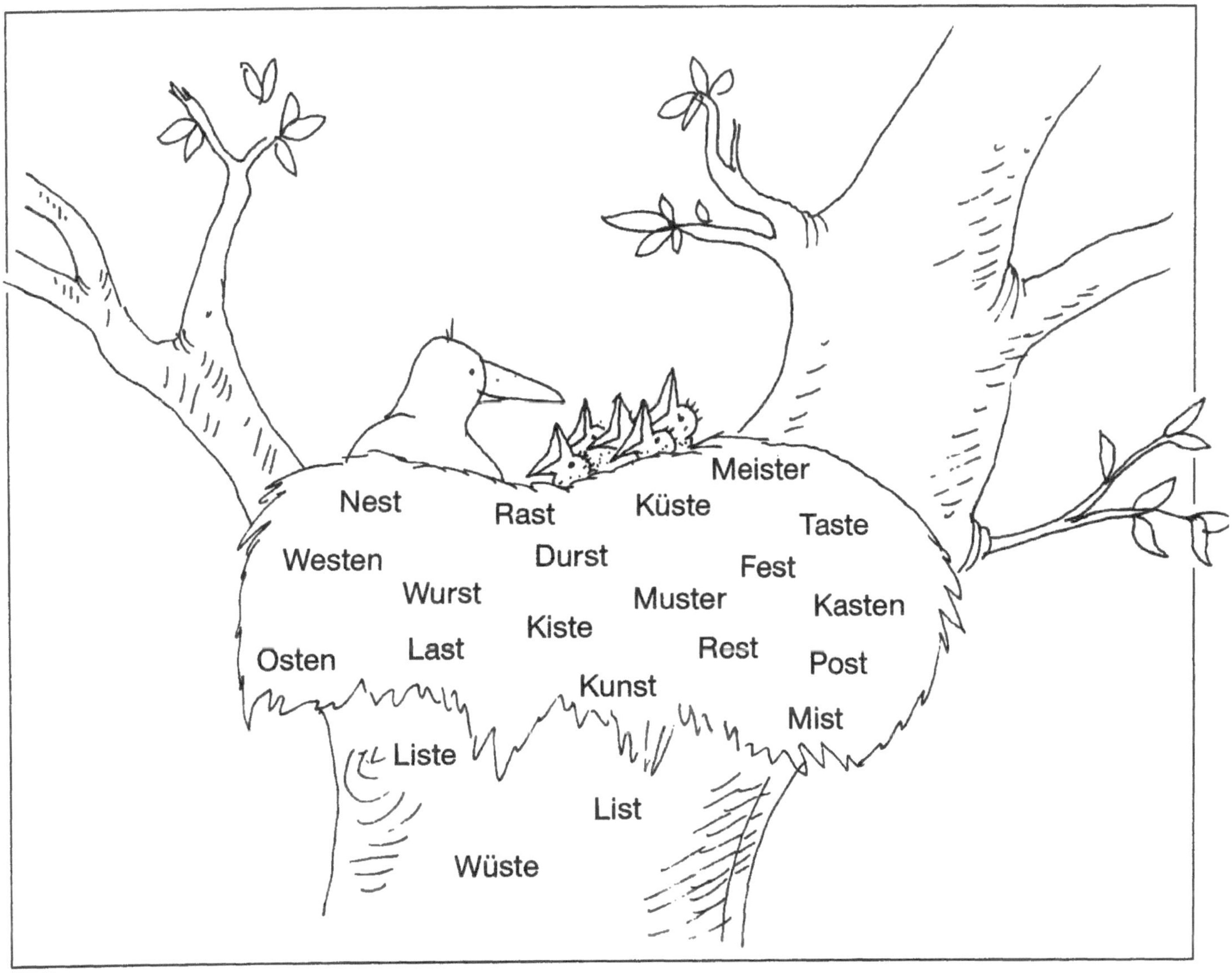

-st-	-st

St-, st- am Wortanfang

Straße, stellen, Stuhl, Stufe, stürzen, Stelle, stumm, stehen, Stadt, still, Storch, strecken, stark, starr, Stange, stechen, Stein, stolpern, steigen, Stiefel, Stoff, Stelzen, staunen, Stengel, Strafe, steil, Stimme, stolz, Sturm, stehlen

St-	st-

nk

Geschenk winken Blinker sinken

blinken Gedanke lenken Getränke

Versenkung krank schenken

zanken Gestank Bank

Tank Anker denken

Schranke stinken danke

ng

Ring, Finger, Zeitung, Zange, Menge, gelingen, Engel, Sprung, lang, Klinge, Ding, vermengen, Zunge, singen, Schlinge, Schlange, Hang, Gong, Gang, verlangen, zwingen, Lunge, entlang, dringend, bringen, Bengel

Inhaltsverzeichnis

Richtig schreiben: Wort für Wort **besteht aus drei Teilen, die Sie auch einzeln erwerben können:**

Teil I: Namenwörter

Teil II: Vokale – Konsonanten

Teil III: Formen, Trennung, Satzzeichen

Vorsilbe ver-

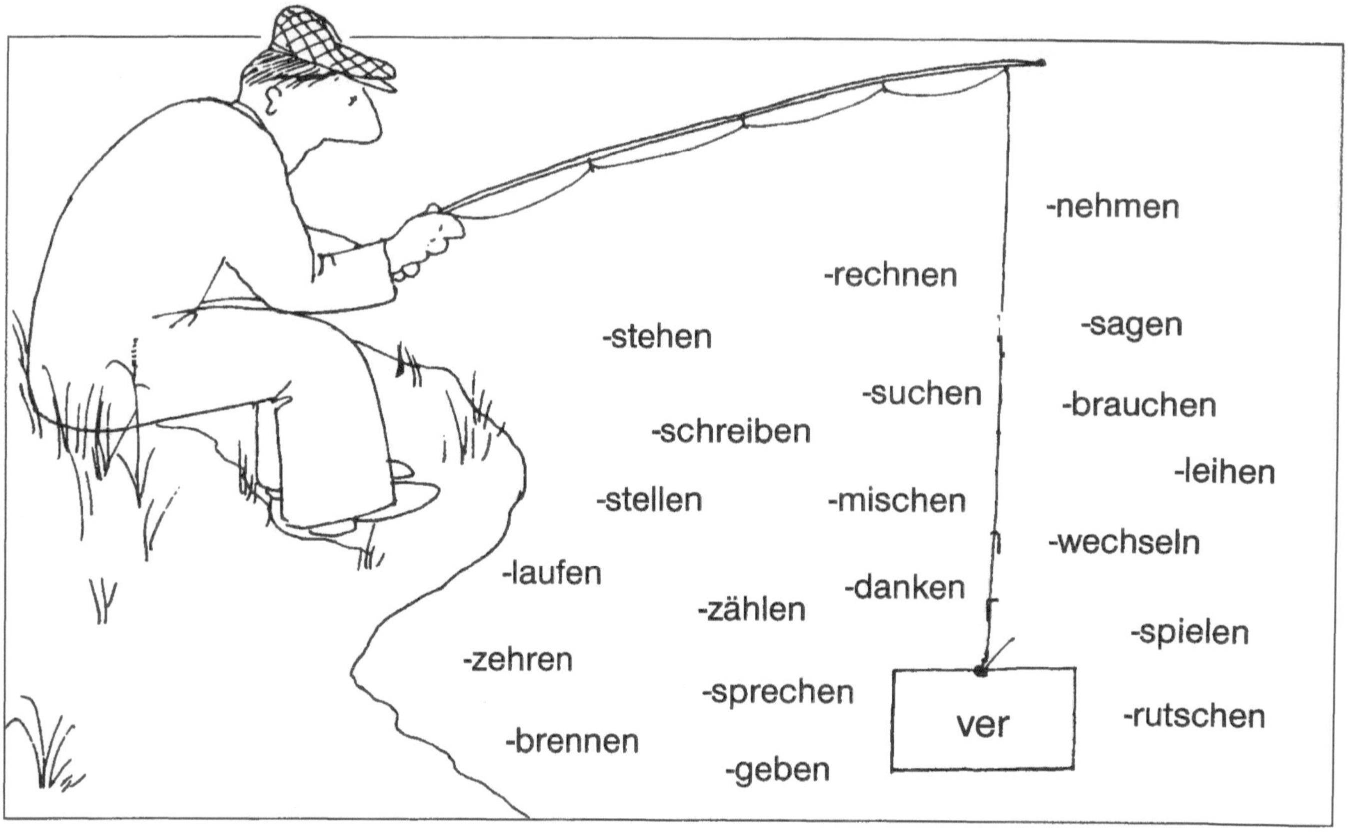

verstehen

Vorsilbe vor-

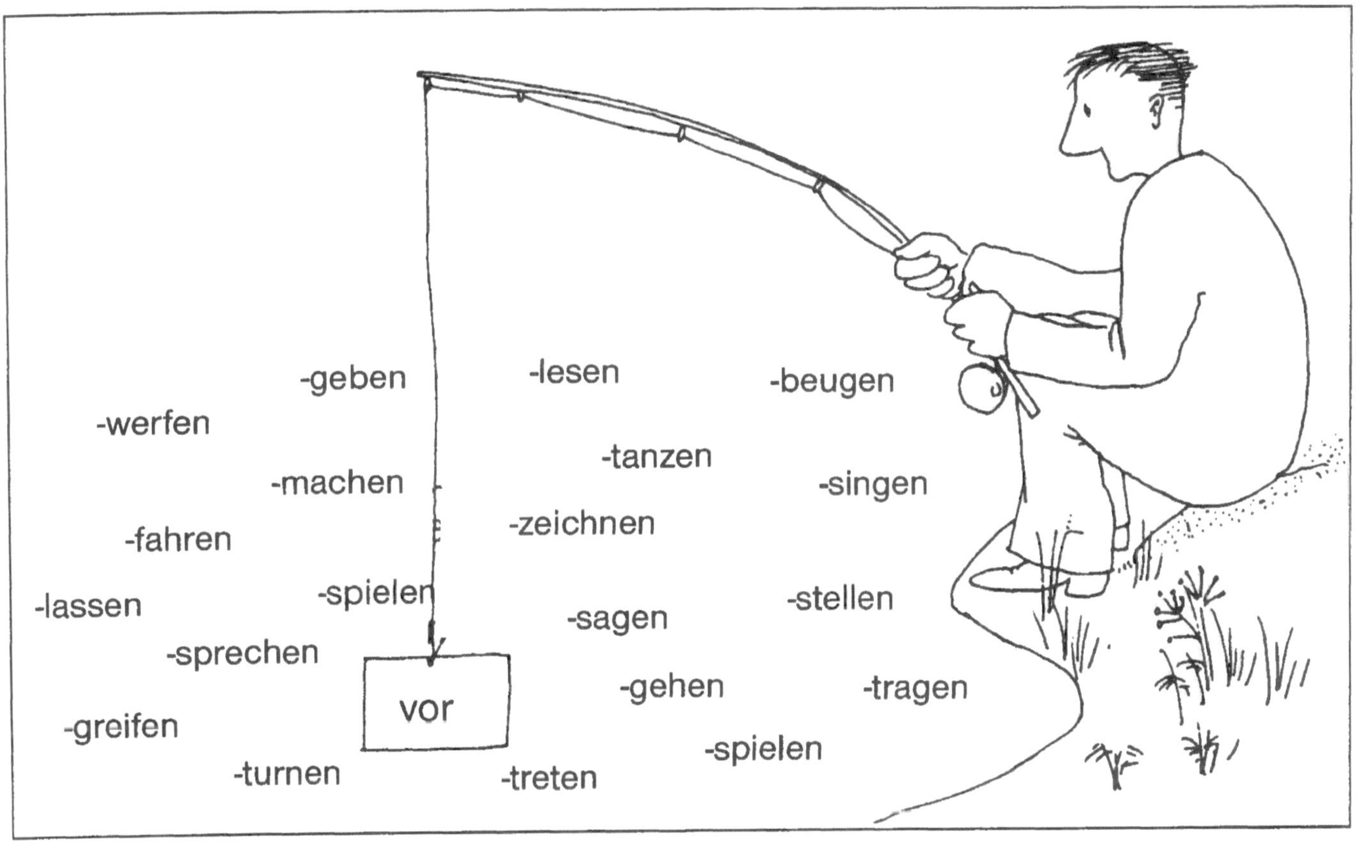

vorspielen

Wörterbäume

Welche Wörter fallen dir dazu ein?

hereinkommen,

Nachsilbe -ig

Die Sonne scheint.

Es ist sonnig.

Im Wald ist Schatten.

Im Wald ist es schattig.

Wiewörter

Rauch	–	rauchig
Zug		
Nebel		
Sand		
Stein		
Schmutz		
Rost		
Flecken		
Durst		
Zorn		

Staub
Wind
Sumpf
Dunst
Hunger
Blut
Dreck
Fett
Farbe
Dornen
Und jetzt sind wir fertig!
Du warst sehr fleißig.

-lich

Er hat Angst.

Er ist ängstlich.

Stunde Monat Tag Mund Nacht
Norden Süden
Tatsache Jahr Angst
Osten Westen Gefahr
Ehre
Entsetzen Freund Schrift Bild
Hass
Feind Zier
König Gericht
Liebe
Anfang
Fest
Ende Schaden Feier Glück

Wiewörter mit -lich

-isch

Dieb Musik Kind Laune Spott Neid Tier Mörder Zank

Amerikaner Bayer Sturm Schwede Däne Finne Russe

Schweizer Technik Mathematik Fachmann Räuber Typ

Chemie Mechanik Heim

Wiewörter mit -isch

-chen und -lein machen Dinge klein

	Häuschen	Häuslein

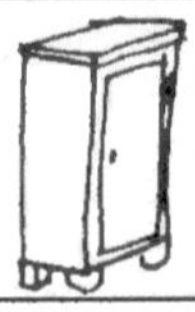		

Eigenschaften

Die Maus ist klein.	die .... Maus
Der Löwe ist stark.	der .... Löwe
Die Biene ist fleißig.	die .... Biene
Der Fuchs ist schlau.	der .... Fuchs
Das Schwein ist fett.	das .... Schwein
Der Graben ist tief.	der .... Graben
Der Elefant ist	
Der Turm ist	
Der Wald ist	
Der Zucker ist	
Der Floh ist	
Die Blume ist	

Wiewörter werden kleingeschrieben

Tiernamen		
Katze	Reh	Biene
Fliege	Elefant	Maus
Bär	Vogel	Schnecke
Fuchs	Hund	Hase

Eigenschaften		
schlau	klein	langsam
anschmiegsam	scheu	groß
lustig	vorsichtig	bissig
gefährlich	lästig	fleißig

der schlaue Fuchs

Wiewörter schreiben wir klein

Lebensmittel		
Suppe	Wurst	Milch
Torte	Ei	Apfel
Butter	Käse	Kartoffeln
Brot	Trauben	Senf

Eigenschaften		
heiß	fett	süß
saftig	frisch	lecker
scharf	neu	gut
saftig	mild	köstlich

die heiße Suppe

Beim Kaufmann Wirrwarr

saure Tomaten

feste Eier

erfrischendes Mehl

kühler Pfeffer

scharfe Trauben

süßes Bier

feine Limonade

leckere Butter

frische Torte

gute Gurken

scharfer Pfeffer	

Die treffende Beifügung

Ein .... Berg	ein .... Wald
ein .... Weg	.... Bäume
.... Moos	eine .... Wiese
.... Sonnenschein	.... Hitze
.... Gewitter	.... Regen
.... Nebel	ein .... Wirt
ein .... Getränk	.... Gepäck
ein .... Omnibus	eine .... Heimkehr

Vermeide überflüssige Beifügungen:
der weiße Schimmel, der runde Kreis, der alte Greis, die tote Leiche ...

Zusammengesetzte Wiewörter

hoch

scharf

weich

kalt

leicht

schön

finster

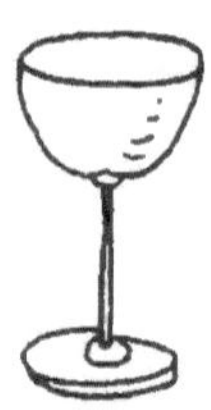

klar

stark

grün

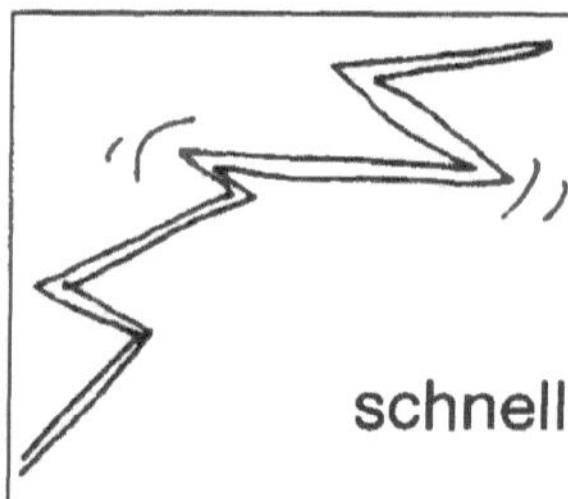

schnell

reich

Vergleichsstufen

Viele Wiewörter lassen sich steigern.

Der Hund ist
Das Pferd ist
Der Elefant ist

Die Fliege ist
Die Ameise ist
Der Floh ist

klug	klüger	am klügsten
alt		
jung		
hoch		
schön		
lang		
schnell		

Wiewörter kann man steigern

Das Haus ist hoch.

Der Baum ist höher als das Haus.

Der Turm ist am höchsten.

breit schnell groß tief stark hart

Das Fahrrad
Das Auto
Das Flugzeug

Der Teich
Der See
Das Meer

Der Bach
Der Fluss
Der Strom

Das Pferd
Der Löwe
Der Elefant

Der Mond
Die Sonne
Das Weltall

Der Stein
Der Strahl
Der Diamant

Das treffende Tunwort

Sätze anschaulicher gestalten

die Haare	die Aufgaben
das Essen	ein Bild
das Zimmer	ein Fest

ein Buch	den Vorhang
Nüsse	ein Paket
das Taschenmesser	den Wasserhahn

die Schultasche	die Tür
die Schuhe	die Jacke
einen Sack	eine Kiste

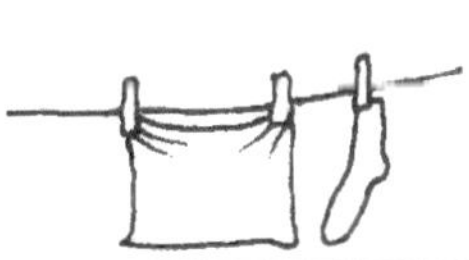

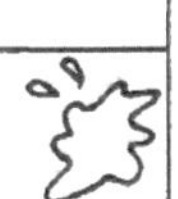

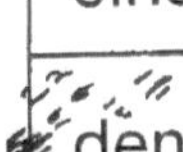

die Wäsche	einen Knopf
einen Flecken	ein Blatt
den Schmutz	den Staub

Verkehrte Tierwelt

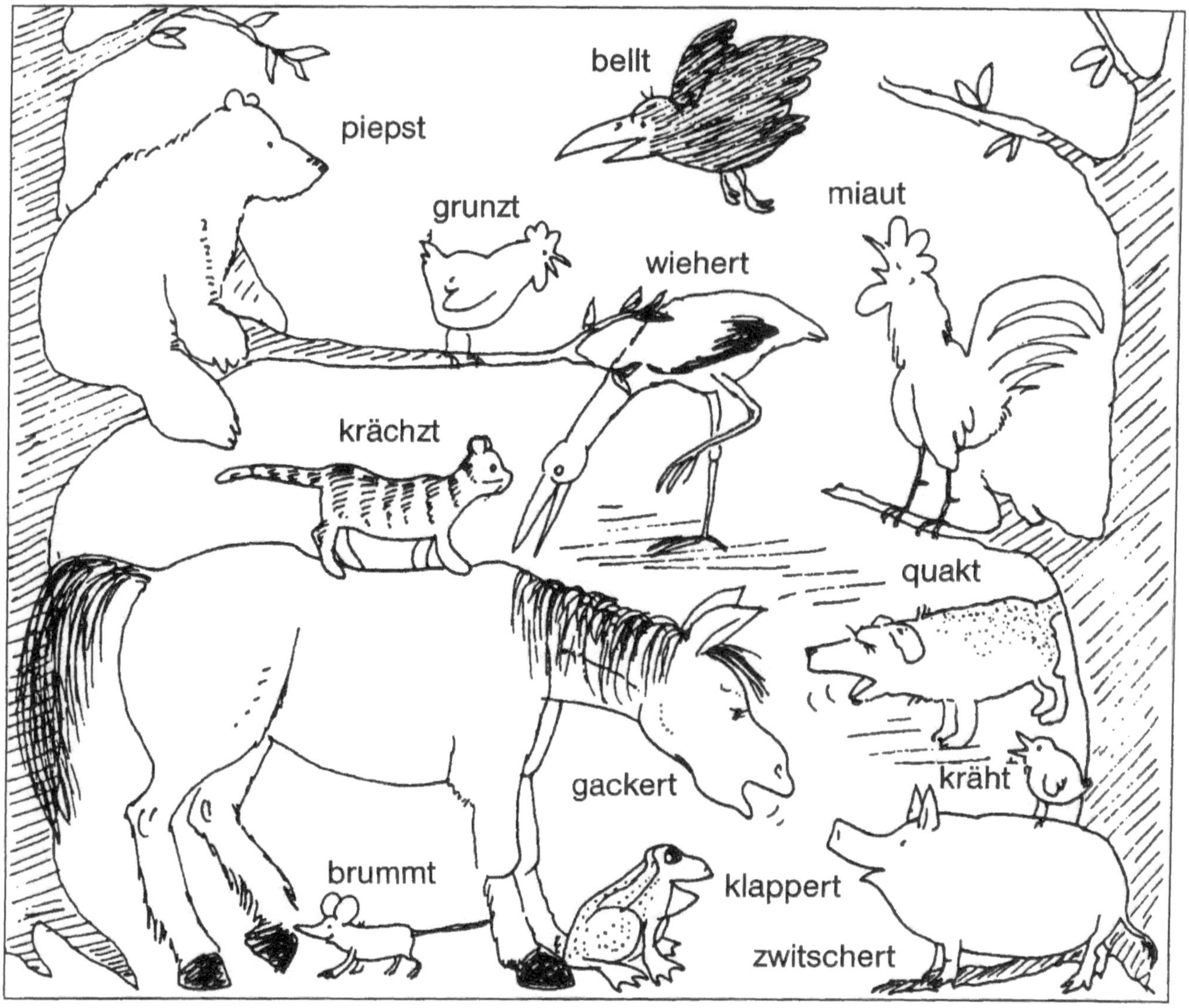

Die Maus piepst.

Tunwörter beugen

In der Schule

fragen	ich frage	du fragst	er fragt

ich ..., du ..., sie (oder er) ...

schreiben			
rechnen			
sprechen			
zeichnen			
singen			
turnen			
malen			
arbeiten			
laufen			
springen			

Tunwörter beugen

In der Schule

wir singen

ihr räumt auf

sie schwätzen

erzählen			
lesen			
fragen			
turnen			
laufen			
arbeiten			
werfen			
besprechen			
lernen			
zeigen			

Tunwörter in der Vergangenheit

Heinzelmännchen

Die Männlein schwärmten	sie klapperten mit Beilen
und klappten und lärmten	und schnitzten an Speilen,
und rupften und zupften	sie spülten und wühlten
und hüpften und trabten	und mengten und mischten
und putzten und schabten,	und stopften und wischten.

schwärmten kommt von schwärmen

schwärmten	–	schwärmen
klappten	–	

Was Kinder tun

tun	und	taten
lärmen		sie lärmten
brüllen		
heulen		
zanken		
beschmieren		
kratzen		
trotzen		
naschen		
schwätzen		
trödeln		
schlagen		sie schlugen
ärgern		
stören		
zerbrechen		sie zerbrachen
necken		
spotten		
werfen		sie warfen

Vergangenheit | **Gegenwart** | **Zukunft**

Setze in drei Zeitstufen!

Vergangenheit	Gegenwart	Zukunft
Es regnete.	Es regnet.	Es wird regnen.
	Es stürmt.	
Es donnerte.		
		Es wird blitzen.
	Es hagelt.	
	Es schneit.	
Die Sonne schien.		

Aus Tunwörtern werden Namenwörter

regnen	–	der Regen	stürmen	–
donnern	–		schneien	
hageln			blitzen	
frieren			tauen	

Vier Fälle

Wer-Fall

________ Hund knurrt.

________ Hund bellt.

________ Hund sucht.

________ Hund wedelt.

________ Hase rennt.

________ Bär klettert.

________ Dieb lacht.

________ Vogel fliegt.

Wessen-Fall

Die Leine ____ Hundes

Die Hütte ____ Hundes

Das Fell _____ Hundes

Der Hamster ____ Hundes

Der Bart ________ Lehrers.

Der Hut ________ Vaters

Wem-Fall

Er bringt

________ Hund Futter.

Er bringt ________

Hund einen Knochen.

Der Hut gehört

________ Vater.

Der Koffer gehört

________ Lehrer.

Wen-Fall

Er ruft ________ Hund.

Er lobt ________ Hund.

Er streichelt

________ Hund.

Hole __________ Hut!

Hole __________ Hammer!

Zeige __________

Kasten!

Wem-Fall

Genauere Auskünfte: **Von wem?**
Mit wem?
Wo?

Die Katze spielt
Fritz streitet
Der Spatz sitzt
Der Vater schimpft
Die Zeitung liegt
Der Ball
Der Topf
Die Wespe

Ergänzungen im Wem-Fall

Auch diese Sätze wollen wachsen.

Wem ...?

Der Arzt hilft

Der Reisende winkt

Der Hund gehorcht

Der Schüler antwortet

Thomas begegnet

Der Teddybär gehört

Die Gießkanne gehört

Das Eis schmeckt

Der Komet nähert sich

Der Vogel sitzt auf

Wem ...? Mit wem oder was ...?

Erich antwortet Paul. Wem antwortet ... ?

Mit Feuer muss man vorsichtig sein.

Stefan spielt mit Steinen.

Das Rad gehört Sabine.

Die Katze spielt mit Wolle.

Omi gibt dem Kind ein Eis.

Ergänzungen im Wen-Fall

Wen oder was ...?

	Der Vater liest
	Der Gast trinkt
	Der Jäger schießt
	Der Gärtner gießt
	Der Maler streicht
	Der Lehrer mahnt
	Die Katze fängt
	Der Bote bringt
	Der Traktor zieht
	Der Bäcker bäckt

Satzgegenstände

Aus drei Sätzen wird ein Satz.

Sabine spielt Ball.	Inge spielt Ball.	Barbara spielt Ball.
Sabine, Inge und Barbara spielen Ball.		

Vergiss das Komma nicht!

Schlosser	Schneider	Schreiner	Handwerker

Eiche	Buche	Linde	Laubbäume

Hammer	Zange	Säge	Werkzeuge

Brot	Fleisch	Milch	Nahrungsmittel

Löwen	Tiger	Bären	Raubtiere

Meisen	Finken	Lerchen	Singvögel

Mehrere Satzaussagen

Der Vater kommt.

Er setzt sich.

Er nimmt die Zeitung.

Aus drei Sätzen wird ein Satz

Der Vater kommt, setzt sich und nimmt die Zeitung.

Schüler	lesen	schreiben	rechnen

Sportler	laufen	springen	werfen

Hund	herumspringen	bellen	wedeln

Schreiner	hobeln	sägen	hämmern

Schreibe in einem Satz!

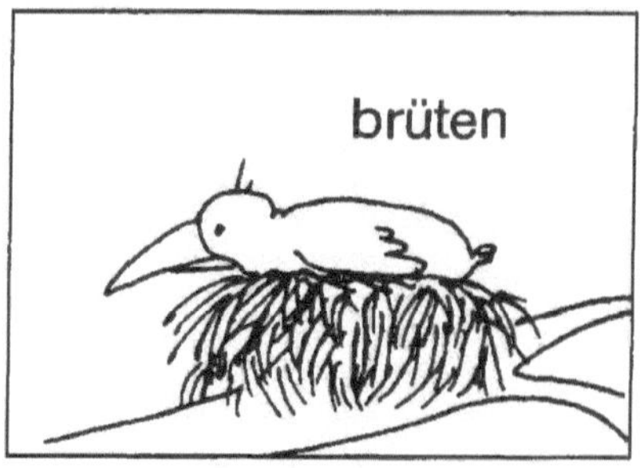

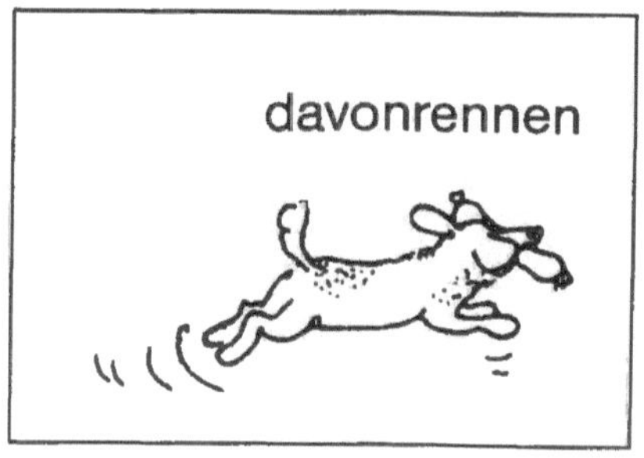

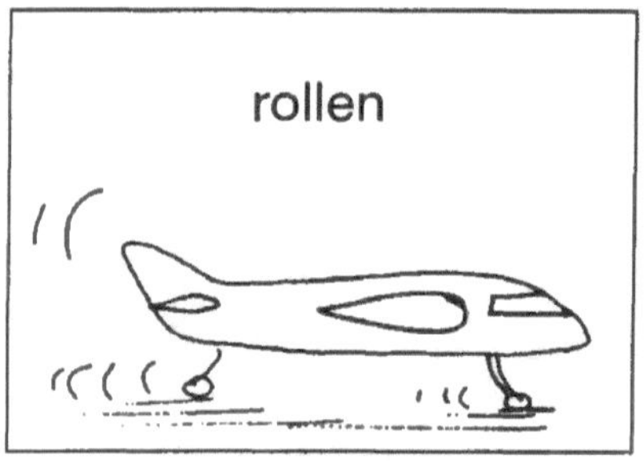

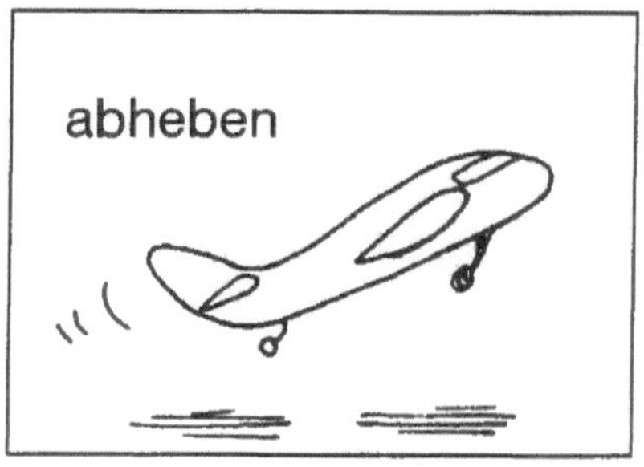

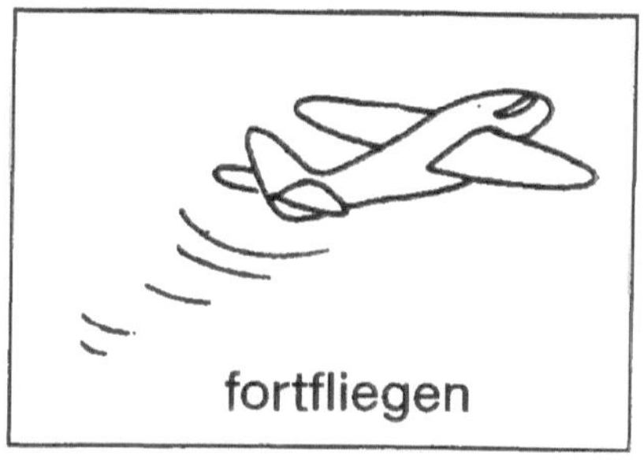

Kannst du Wörter trennen?

zwischen Wörtern			zwischen Silben			zwischen Doppelkonsonanten		
Himbeer	-	eis	In	-	sel	Him	-	mel

Eisbär Treppe Handschuh

Fenster Fußball Wetter Insel

Teller Gurke Suppe Keller Pause

Hammer Messer Wanne Bürste

Schaukel Handtuch Tinte Löffel Bagger Ende

	—			—	
	—			—	
	—			—	
	—			—	
	—			—	
	—			—	
	—			—	
	—			—	
	—			—	
	—			—	
	—			—	

Kannst du Wörter trennen?

Gartenteich Lokomotive Suppenteller Badehose Schokolade Wurstsalat
Würstchen Geldstück Limonade Zahnbürste Silbertaler Fußballstiefel
Unterhose Wintermantel Kartoffel Eisverkäufer Donnerstag

Trenne zwischen Wörtern / zwischen Silben / zwischen Doppelkonsonanten

Verschiedene Sätze – Verschiedene Satzzeichen

Erzählsatz	**Befehlsatz**	**Fragesatz**
	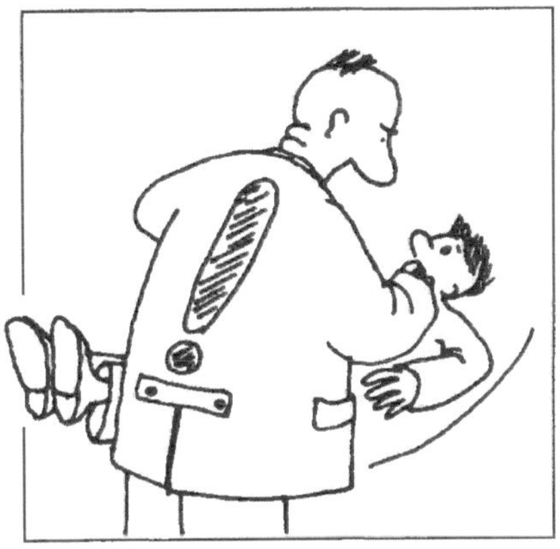	
Peter putzt die Zähne.	Putze die Zähne!	Hast du die Zähne geputzt?

Mit diesen Beispielen kannst du üben:

Hals waschen, Haare kämmen, Aufgaben machen, Tasche packen,
Brot kaufen, Nase putzen

Peter